HOCH-BEETE & CO. IN MEINEM GARTEN

GÄRTNERN NACH BILDERN

Planung & Pflege • Hügelbeete • Gemüsesorten

Benzstraße 56, 71272 Renningen, Deutschland

www.garant-verlag.de

ISBN 978-3-7359-1249-7

Komplettproducing: twinbooks, München
Text und Lektorat: Jürgen Brück, Melanie Goldmann für twinbooks, München
Umschlaggestaltung: Eva Haberland

Zusätzliche Abbildungen für den Umschlag:
© www.shutterstock.com: bbearlyam, OhSurat, Alla Bozhko

HOCH-
BEETE
& CO.
IN MEINEM GARTEN

GÄRTNERN NACH BILDERN

Planung & Pflege • Hügelbeete • Gemüsesorten

garant

Inhalt

Symbole

AUSSAAT/ PFLANZZEIT

ERNTE

STANDORT

ANSPRÜCHE

LEBENSDAUER

WUCHSHÖHE

WASSERBEDARF

Vorwort

Hochbeete sind „in"! Nicht nur, weil sie bei der Gartenarbeit den Rücken schonen. Denn das im Beetinnern verrottende Material aus Astschnitt, Garten- und Küchenabfällen bietet den Pflanzen viele Nährstoffe und Wärme. So haben sie ideale Wachstumsbedingungen und erfreuen den Gärtner mit hohen Ernteerträgen. Und auch Schädlinge wie Schnecken oder Wurzelunkräuter haben im Hochbeet keine Chance. Hinzu kommt der geringe Platzbedarf. Denn auch in kleinen Gärten findet ein Hochbeet immer noch Raum. Hochbeete, Hügelbeete, Senkbeete und Co. bieten Ihnen außerdem zahlreiche kreative Gestaltungsmöglichkeiten. Ob Sie nun Gemüse oder Zierpflanzen anbauen wollen – mit Hochbeeten bleiben kaum Bepflanzungswünsche offen. Denn da Sie Ihr Hochbeet mit jeder Erde bzw. jedem Substrat füllen können, lassen sich hier auch Pflanzen ansiedeln, die sonst nicht in Ihrem Gartenboden wachsen.

Den passenden Standort wählen, ein Hochbeet bauen, es richtig befüllen, geeignete Pflanzensorten auswählen und diese richtig pflanzen und pflegen – das alles zeigt Ihnen dieses Buch Schritt für Schritt in zahlreichen Abbildungen. So fällt es auch Anfängern leicht, sich beim Bau für ein bestimmtes Material zu entscheiden, die Pflanzen im Beet richtig anzuordnen, zusammenpassende Pflanzen in einer Mischkultur anzubauen oder eine sinnvolle Fruchtfolge einzuhalten. Außerdem lernen Sie die beliebtesten Gemüsesorten für Ihr Hochbeet kennen und erfahren, wie Sie Schädlinge bekämpfen und die Pflanzen optimal bewässern und düngen, damit Sie auch lange Freude an Ihrem Hochbeet haben.

Auch wenn es anfangs vielleicht einige Zeit braucht, sich das nötige gärtnerische Grundwissen anzueignen, werden Sie sich sicher sehr bald an herrlichen Blumen und schmackhaftem Gemüse erfreuen können. Fangen Sie gleich an und probieren Sie die Tipps und Anleitungen dieses Buches aus! Viel Spaß und Erfolg in Ihrem heimischen Garten!

GRUNDLAGEN

Hochbeete & Co.

Auf den ersten Blick könnte es so scheinen, als wären Hochbeete eine Errungenschaft des modernen Gartenbaus. Schließlich erfreuen sie sich seit einigen Jahren wachsender Beliebtheit und sind immer häufiger in Gärten, aber auch auf Terrassen und Balkonen anzutreffen. Dabei kann diese Art des Gärtnerns auf eine lange und erfolgreiche Tradition zurückblicken.

Hügelbeete, die man durchaus als die Vorläufer der uns bekannten Hochbeete bezeichnen kann, wurden schon vor einigen Tausend Jahren im südlichen China angelegt. Auch in einigen tropischen Regionen soll es diese speziellen Beete schon vor sehr langer Zeit gegeben haben. Die Gründe für die „Erfindung" der Hügelbeete sind sehr einfach. In besagten Regionen war die oberste, besonders fruchtbare Bodenschicht nur sehr dünn. Da lag es natürlich nahe, diese Schicht zu Hügeln aufzuhäufen, um den Pflanzen so bessere Bedingungen für ihr Wachstum zu schaffen.

Auch in unseren Breitengraden – hier vor allem in mittelalterlichen Klostergärten – bediente man sich der Hügelbeete, um bessere Erträge zu erzielen. Damit der angehäufte nährstoffreiche Boden bei heftigen Regenfällen nicht einfach weggeschwemmt wurde, versah man dort die Beete mit einer Einfassung aus Flechtwerk. Diese ersten Hochbeete waren mit einer Höhe von 10 bis 20 Zentimetern zwar noch recht niedrig, aber die Idee war geboren.

Später dann benutzte man bei der Anlage der italienischen Renaissancegärten ganz gezielt aufwendige Hochbeete (diesmal auch in der richtigen Höhe) als Gestaltungselemente. Man kann also beim heutigen Boom nicht von einer neuen Entwicklung sprechen, es handelt sich hierbei eher um die Renaissance einer alten, aber guten Idee.

Ein Blick auf die Vorteile, die diese Form des Anbaus mit sich bringen, zeigt, dass Hochbeete auch im Zeitalter modernster technischer Hilfsmittel eine clevere Idee sind, die nicht umsonst von einer wachsenden Anzahl von (Hobby-)Gärtnern umgesetzt wird.

ARBEITEN IN ANGENEHMER HÖHE

Jeder, der schon einmal lange Nachmittage mit der Pflege seines Gartens zugebracht hat, weiß, was Rückenschmerzen sind. Zusätzlich werden oft auch noch die Knie in Mitleidenschaft gezogen, und so wird aus dem Gartenspaß am Ende eines langen Tages schnell ein qualvoller Abend. Mit Hochbeeten kann man sich hingegen lange beschäftigen, ohne danach über derartige Beschwerden klagen zu müssen. Schließlich findet hier die Arbeit in einer angenehmen Höhe statt. Daher ist diese Art des Gärtnerns auch besonders für ältere oder in ihrer Beweglichkeit eingeschränkte Menschen eine Freude. Hochbeete lassen sich auch so gestalten, dass sie von einem Rollstuhl unterfahren werden können.

MEHR WÄRME FÜR DIE PFLANZEN

Wenn Sie Ihren Pflanzen ein Hochbeet spendieren, tun Sie nicht nur sich selbst und Ihrem Rücken Gutes, sondern Sie sorgen auch für bessere Wachstumsbedingungen. Das liegt vor allem daran, dass in einem Hochbeet viel höhere Temperaturen herrschen als in einem herkömmlichen Beet am Boden. Kalte Luft sammelt sich – das ist noch aus dem naturwissenschaftlichen Unterricht in der Schule bekannt – stets am Boden. Da macht sich bereits ein vergleichsweise geringer Höhenunterschied von etwa einem Meter (so hoch sind die meisten Hochbeete) deutlich bemerkbar. Außerdem entsteht in einem Hochbeet zusätzlich Wärme. Verantwortlich dafür ist der Komposteffekt, der durch den speziellen Aufbau des Beetes begünstigt wird.

NÄHRSTOFFE IN HÜLLE UND FÜLLE

Durch die Zersetzung der organischen Substanzen in einem Hochbeet werden viele Nährstoffe gebildet. Das bedeutet, dass hier auch nährstoffhungrige Pflanzen wie Tomaten oder Zucchini ideale Bedingungen für ihr Wachstum vorfinden. Sie werden staunen, welch großartige Erträge Ihnen Ihre Hochbeete liefern!

SCHWERE ZEITEN FÜR SCHÄDLINGE

Für Gartenschädlinge – insbesondere die leider in vielen Gärten omnipräsenten Schnecken – brechen schwere Zeiten an, wenn Sie Ihre Pflanzen künftig in Hochbeeten ziehen. Zwar ist es für sie technisch nicht unmöglich, auch dorthin zu gelangen, aber der Weg zur begehrten Nahrung ist deutlich schwieriger zu bewältigen. Darüber hinaus werden Sie mögliche Schädlinge in einem Hochbeet wesentlich früher entdecken und können so dem Festschmaus schnell einen Riegel vorschieben. Auch der Einsatz von chemischen Pflanzenschutzmitteln kann so deutlich reduziert werden.

RAUM FÜR KREATIVE IDEEN

Wie Sie im Folgenden noch sehen werden, bieten Ihnen Hochbeete viele gestalterische Möglichkeiten. Mit ihnen können Sie in Ihrem Garten neue Akzente setzen, als hübsche Begrenzung zum Nachbargarten machen sie sich ebenfalls gut. Zudem nehmen Hochbeete, je nach Gestaltung, nicht viel Platz in Anspruch und können auch auf einer Terrasse oder einem Balkon zum Einsatz kommen.

GEMÜSE ODER ZIERPFLANZEN?

Am Anfang aller Planung steht die grundsätzliche Frage, ob Sie in Ihrem neuen Hochbeet Gemüse bzw. Kräuter anpflanzen möchten oder ob Sie Zierpflanzen den Vorrang geben wollen. Von der Antwort auf diese Frage hängen unter Umständen die Wahl des Standortes und des Baumaterials ab. Daher hier nun ein paar erste grundlegende Gedanken.

ZIERPFLANZEN-HOCHBEETE

Zierpflanzen werten jeden Garten, jeden Balkon und jede Terrasse auf. Sie sind schön anzusehen und schaffen eine angenehme Atmosphäre. Sie können Hochbeete für Zierpflanzen dementsprechend grundsätzlich an fast allen Orten aufstellen. Sie werden gerne zur Gliederung von Gärten oder als Abschluss einer Terrasse eingesetzt. Natürlich können sie auch als besonderer Blickfang fungieren oder dazu dienen, besonders schöne Pflanzen durch einen speziellen Standort ins Zentrum des Interesses zu setzen. Zu beachten sind bei der Bepflanzung natürlich die Vorlieben der einzelnen Pflanzen. Lieben sie das pralle Sonnenlicht oder entfalten sie ihre wahre Pracht eher im Halbschatten? Sind es robuste Pflanzen, die auch einmal einem Starkregen oder einer ordentlichen Windböe trotzen können oder bevorzugen sie geschützte Plätze? Diese Fragen sollten Sie bei der Planung auf jeden Fall berücksichtigen. Bei der Wahl des Baumaterials haben sie eine große Auswahl. Welche Materialien dabei überhaupt infrage kommen, erfahren Sie im weiteren Verlauf des Kapitels. Bei der Auswahl können Sie ganz auf Ihre ästhetischen Vorlieben – und ein wenig auch auf Ihren Geldbeutel – setzen. Auch bei der

äußeren Form des Beetes gibt es nur wenige Einschränkungen. Angefangen bei einfachen rechteckigen Konstruktionen über Vielecke bis hin zu geschwungenen Außenwänden sind Ihrer Fantasie dabei nur wenige Grenzen gesetzt. Natürlich gilt auch hier der Grundsatz: Je aufwendiger und fantasievoller die Gestaltung Ihres Hochbeetes ausfällt, desto tiefer müssen Sie bei der Umsetzung Ihrer Ideen in die Tasche greifen.

GEMÜSE-HOCHBEETE

Wenn Sie Ihr Gemüse (oder auch nur einen Teil davon) in Hochbeeten anpflanzen, kann dies durchaus dazu führen, dass Sie den Ertrag Ihres Gartens steigern. Zudem bieten diese Beete die Möglichkeit, auch ohne eigenen Nutzgarten – beispielsweise in einer größeren Stadt – eigenes Gemüse bzw. eigene Kräuter anzubauen.

Grundsätzlich sollten Sie für ein Gemüse-Hochbeet einen sonnigen und warmen Platz wählen. Es ist auch günstig, wenn der Aufstellort möglichst windgeschützt ist. Wenn Sie bereits einen Gemüsegarten haben, werden Sie das Hochbeet auch dort anlegen wollen. Ansonsten empfiehlt sich eine Aufstellung in der Nähe des Hauses. Das bietet gleich zwei Vorteile: Zum einen finden sich hier immer windgeschützte Plätze, und zum anderen sind die Erntewege kurz. Sie können also das gerade benötigte Gemüse ganz frisch ernten und dann sofort in der Küche verarbeiten. Das gilt natürlich ganz besonders für ein Kräuter-Hochbeet, das seinen idealen Standort immer in der Nähe der Küche hat.

DER RICHTIGE ZEITPUNKT:
Ein Hochbeet legt man am besten im Spätherbst an. Zu dieser Jahreszeit fällt im Garten genügend organisches Material an, mit dem das Hochbeet befüllt werden kann.

Bei der Entscheidung für ein Gemüse-Hochbeet sollten Sie aber auch im Kopf behalten, dass es hier alle paar Jahre nötig wird, das Beet-Substrat zu erneuern (wie die Füllung eines Hochbeetes genau aussieht, erfahren Sie im Praxisteil. Das stellt einen gewissen Arbeitsaufwand dar, wird aber einen begeisterten Hobbygärtner sicherlich nicht abschrecken. Beim Bau von Gemüse-Hochbeeten kommen häufig recht einfache Holzkonstruktionen zum Einsatz (im weiteren Verlauf dieses Kapitels lernen Sie die unterschiedlichen Materialien kennen, Kapitel 2 gibt Ihnen dann Tipps für den Bau eines Hochbeetes). Diese erfüllen ihren Zweck auf jeden Fall und sind häufig recht kostengünstig zu beschaffen. Sollten Sie sich dafür entscheiden, gleich mehrere Hochbeete anzulegen, planen Sie ausreichend Platz für Wege ein, damit Sie die Beete zur Pflege und Ernte bequem erreichen können.

DER WERMUTSTROPFEN

Bei den vielen Vorteilen soll aber auch ein Nachteil, den Hochbeete gegenüber der Pflanzenzucht am Boden haben, nicht verschwiegen werden: Die geringe Menge an Erde, die sich in einem Hochbeet befindet, kann natürlich auch nur recht wenig Wasser speichern. Daher ist häufiges Gießen ein Muss. Hier ist ein Bewässerungssystem auf jeden Fall ratsam. Dies treibt den Preis für das komplette Hochbeet in die Höhe. Insgesamt stellen Hochbeete aus finanzieller Sicht sicherlich keine Alternative zum herkömmlichen Gartenbau dar, wer aber pfiffige Gestaltungselemente für seinen Garten sucht oder auch in der Stadt nicht auf ein paar Gartenfreuden verzichten möchte, ist gut beraten, sich mit ihnen näher auseinanderzusetzen.

WAS KOSTET EIN HOCHBEET?

Ebenso vielfältig wie die Bauweisen gestalten sich auch die Preise. Grundsätzlich kann man sagen, dass Sie beim Kauf eines fertigen Hochbeetes am tiefsten in die Tasche greifen müssen. Bausätze sind wesentlich günstiger zu haben. Wer sein Hochbeet aus alten Materialien, die er im Keller oder auf dem Dachboden findet, selber plant und baut, kommt normalerweise am günstigsten davon.

Da die Preise sehr variabel sind, lassen sich hier kaum allgemeingültige Aussagen treffen. Einfache Holzbausätze mit den Maßen 60 cm x 120 cm sind bisweilen bereits für etwa 50 Euro zu bekommen. Im Bereich zwischen 100 und 200 Euro finden Sie ein vielfältiges Angebot vor. Sollten Sie keine allzu „gehobenen" Ansprüche haben, dürften Sie hier sicherlich fündig werden. Ansonsten können Sie für ein Hochbeet auch problemlos mehrere Hundert Euro ausgeben.

Beim Kauf eines Hochbeets ist es ratsam, die Preise mehrerer Anbieter zu vergleichen. Denn auf diese Weise können Sie bisweilen viel Geld sparen.

BAUSATZ ODER DO-IT-YOURSELF?

Grundsätzlich gibt es drei Möglichkeiten, ein Hochbeet zu bekommen: Sie können ein fertiges Beet kaufen, Sie besorgen sich einen Bausatz oder Sie bauen nach den eigenen Plänen.

EIN FERTIGES BEET KAUFEN

Die einfachste Möglichkeit ist hierbei sicherlich die Bestellung eines fertigen Hochbeetes. Mittlerweile haben sich einige Gartencenter, aber auch Schreinereien darauf spezialisiert, diese Beete komplett montiert anzuliefern, sodass Sie sie nur noch befüllen müssen und der Gartenspaß dann schnell beginnen kann. Allerdings stellt ein fertiges Hochbeet auch die kostspieligste Variante dar. Selbst in den einfachsten und kleinsten Varianten müssen Sie schon vergleichsweise tief in die Tasche greifen.

BAUSÄTZE

Sehr weit verbreitet sind mittlerweile Bausatzsysteme für Hochbeete. Um sich damit erfolgreich als Baumeister zu versuchen, bedarf es meist keiner überdurchschnittlich guten handwerklichen Fähigkeiten. Viele Bausätze sind so vorbereitet, dass Sie auch keine exotischen Werkzeuge für den Aufbau benötigen. Oft reicht hier ein Hammer vollkommen aus. Ein weiterer Vorteil der Bausätze besteht in ihrer Vollständigkeit. Normalerweise wird ein Bausatz mit allen nötigen Bauteilen (also auch mit Beschlägen, Schrauben etc.) geliefert, sodass Ihnen weitere Baumarktbesuche wegen fehlender Kleinteile erspart bleiben. Für gewöhnlich werden als Materialien für Bausätze Holz, Metall oder Kunststoff angeboten.

Bei Holzbausätzen wird gerne unbehandeltes Lärchenholz angeboten, da dies besonders witterungsbeständig und fest ist. Im Lieferumfang befindet sich für gewöhnlich auch eine Folie, mit der das Gehäuse von innen verkleidet werden kann, um das Holz vor der Feuchtigkeit aus der Erde zu schützen. Der Aufbau von Holzbausätzen ist normalerweise sehr einfach. Das Holz ist auf die richtige Länge zugesägt und oft auch schon mit Bohrungen versehen. Der Aufbau nimmt

darüber hinaus nicht allzu viel Zeit in Anspruch. Wer die Möbel einer großen schwedischen Möbelkette zusammenbauen kann, dürfte auch mit Holz-Hochbeeten keine Schwierigkeiten haben.

Bausätze aus Metall sind in vielen verschiedenen Formen (also auch rund oder oval) erhältlich. Auch hier gilt: Die einzelnen Teile sind vorgefertigt, alle benötigten Einzelteile sind im Bausatz vorhanden. Daher stellt der Aufbau auch dieser Bausätze keine zu große handwerkliche Herausforderung dar. Achten Sie beim Kauf darauf, dass das Metall mit Aluminium oder Zink beschichtet sein sollte, damit es witterungsfest wird – es sei denn, Sie mögen es, wenn das Metall mit der Zeit einen leicht „rostigen" Look annimmt.

Kunststoffbausätze werden für unterschiedliche Bauweisen angeboten. Im Handel befinden sich Systeme, die aus einzelnen Kunststoffziegeln aufgebaut sind, die Sie noch zusammenbauen müssen. Daneben gibt es auch Systeme, die mit Wannen arbeiten. Allen Kunststoffbausätzen

ist ihre einfache Handhabbarkeit gemeinsam. Fast alle Bausätze bieten zudem die Möglichkeit, die Beete durch weitere Module auszubauen. Hier ist nicht nur der Aufbau, sondern auch die Demontage im Handumdrehen erledigt. Abstriche müssen Sie allerdings oft bei der Optik machen. Häufig sehen Kunststoff-Hochbeete auch nach Kunststoff aus – und diese Optik mag nicht jeder.

HOCHBEETE MARKE EIGENBAU

Wer handwerklich ein wenig begabter ist und Spaß daran hat, selber zu planen, wird sich eher für ein Hochbeet „Marke Eigenbau" entscheiden. Das kann vor allem dann eine reizvolle Aufgabe sein, wenn Sie noch über alte Baumaterialien wie Holz oder Steine verfügen und daraus etwas Neues bauen möchten.

Ihrer Fantasie sind dabei kaum Grenzen gesetzt. Alte Dachbalken können ebenso zu einem Hochbeet werden wie alte Ziegel, die Sie für gewöhnlich recht günstig erstehen können. Auch alte Euro-Paletten eignen sich für den Bau. Wer zunächst einmal ein kleines „Probebeet" bauen möchte, das auch auf dem Balkon gut Platz findet, kann hierzu beispielsweise das Holz eines alten Lattenrostes verwenden.

Sie sehen, mit ein wenig Kreativität wird es Ihnen nicht schwerfallen, günstig geeignetes Baumaterial zu finden. Natürlich müssen Sie neben dem handwerklichen Geschick und der Kreativität hier etwas mehr Zeit investieren.

HOCHBEETANLAGE DER SUPERLATIVE:

Das „Allmende Kontor" findet man mitten in Berlin in der Nähe von Neukölln. Dabei handelt es sich um ein städtisches Grundstück auf dem Tempelhofer Feld. Hier hat eine Gärtnerkooperative eine Hochbeetanlage der Superlative geschaffen. Auf einer Fläche von 5.000 Quadratmetern sind hier 300 gezimmerte Hochbeete entstanden. Mehr als 900 Menschen zeichnen für den Bau und die Bewirtschaftung dieser Anlage verantwortlich.
Nach Angabe der Organisatoren handelt es sich beim „Allmende Kontor" um die wahrscheinlich größte Hochbeet-Anlage der Welt. Ob das stimmt, sei einmal dahingestellt. Hochbeetfans, die die Hauptstadt besuchen, sollten sich einen Besuch der Anlage aber auf keinen Fall entgehen lassen.

Holz als
Baumaterial

Holz als Baumaterial

Holz stellt fast schon so etwas wie ein klassisches Baumaterial für Hochbeete dar. Die Tatsache, dass dieser Werkstoff einfach in Baumärkten oder im Holzfachhandel zu beschaffen und auch recht einfach zu verarbeiten ist, spielt hierbei sicherlich eine Rolle. Zudem ist Holz sehr variabel einsetzbar und genügt den unterschiedlichsten Ansprüchen.

WEICH- UND HARTHÖLZER

Sogenannte Weichhölzer, zu denen u. a. Fichte, Kiefer oder Pappel gezählt werden, sind hier die günstigste Variante. Wie der Name aber schon sagt, sind diese Hölzer recht weich und werden daher nach einigen Jahren ihren Dienst quittieren. Unbehandeltes Fichtenholz werden Sie beispielsweise etwa nach vier Jahren ersetzen müssen. Sie stellen also das ideale Einstiegsmaterial dar, wenn Sie zunächst einmal ausprobieren möchten, ob das Gärtnern mit Hochbeeten Ihnen wirklich Spaß macht. Auf lasiertes oder imprägniertes Weichholz sollten Sie nicht zurückgreifen, wenn es sich um Gemüse- oder Kräuterbeete handelt. Denn die Chemikalien, die zu diesem Zweck häufig eingesetzt werden, können ins Erdreich und dann in das Gemüse übergehen.

Aus Weichholz bestehen meistens auch einfache Bausätze für sogenannte Steckkomposter, die Sie in jedem gut sortierten Baumarkt oder Gartencenter finden. Sie können diese Bausätze hervorragend dazu nutzen, ein erstes eigenes Hochbeet zu bauen. Wesentlich haltbarer – aber auch deutlich kostspieliger – als das Weichholz ist das sogenannte Hartholz. Dazu zählen z. B. Lärche, Schwarzkiefer oder Eiche. Da dieses Holz gegen Feuchtigkeit und Verrottung wesentlich widerstandsfähiger ist, können Sie es problemlos auch unbehandelt einsetzen – Sie werden dennoch viele Jahre lang an Ihrem hölzernen Hochbeet Spaß und Freude haben.

Wenn Sie es ein wenig extravaganter mögen, könnten Holzstangen die richtige Wahl für Sie sein. Damit zwischen den einzelnen Holzstangen (beispielsweise aus ungeschältem Fichtenholz) keine großen Spalten entstehen, sollten Sie darauf achten, gleich dickes Material einzusetzen. Der Aufbau gleicht dann dem eines klassischen Blockhauses. Palisaden sorgen für eine ganz ähnliche Optik, sind aber ein wenig einfacher zu verarbeiten. Auch die Abschnitte eines zersägten Baumstamms lassen sich wunderbar zu einem Hochbeet verarbeiten. Sie sollten sich bei dieser Variante aber darüber im Klaren sein, dass Ihr Hochbeet recht niedrig wird, da sie die einzelnen Abschnitte etwa 20 bis 30 Zentimeter tief in die Erde eingraben müssen, damit sie als Seitenwände dem Druck der Befüllung standhalten können.

EINIGE TIPPS

» Ablagerungen wie Erde, Schmutz oder organisches Material sollten Sie gelegentlich mit dem Wasserschlauch entfernen. Wasserabweisende Öle schützen das Holz vor Durchnässen. «

» Holz ist ein klimaneutrales Material, das sich in jeden Garten ganz natürlich einfügt und zu verschiedenen Gartenstilen passt. Durch eine gute Holzqualität können Sie eventuell auf Imprägnierungsmittel verzichten. Lassen Sie sich dazu am besten im Fachhandel beraten. «

Ca. 10 x 10 cm starke Holzpfosten, die an jeder Ecke sowie auf halber Höhe der langen Seiten einen Holzpfosten eingeschlagen werden, geben dem Beet Stabilität. Am besten werden sie in Bodenhülsen befestigt, damit das Holz nicht verrottet.

1 Holzpfosten

2 Seitenplanken

Für die Beplakunkung können Sie z. B. Holzbretter, aber auch halbe Rundhölzer verwenden. 5 x 30,5 cm große zugeschnittene Holzteile ergeben z. B. übereinandergestapelt eine Tiefe von c.a. 60 cm.

3 Befestigung für die Seitenteile

Die Seitenteile werden einfach an die Pfoden genagelt oder geschraubt. Bretter für die langen Seitenteile werden innen, diejenigen für die kurzen Seiten werden außen an den Pfosten befestigt.

HOLZBEARBEITUNG

Die Bretter für Ihr Hochbeet können Sie entweder selbst maßgerecht zuschneiden oder sie im Baumarkt zuschneiden lassen. Sie benötigen hierfür nur die Eckleisten, lange und kurze Dielen, lange und kurze Abdeckleisten sowie Folie und Mausgitter. Zudem empfiehlt sich eine Vorbehandlung mit Holzschutzlasur. Außerdem benötigen Sie Schrauben und einen Bohrer, um Bretter und Leisten vorzubohren. Sie können stattdessen aber auch einen Bausatz verwenden.

HOLZ IST VIELSEITIG

Vor allem für Bastler ist Holz die erste Wahl für Hochbeete im Garten

Je nach Holzsorte empfiehlt es sich, die Bretter vor dem Befüllen von innen und außen mit Schutzlasur zu behandeln.

4 Holzschutzlasur

GUT ZU WISSEN: *Einige Anbieter verkaufen besondere Formen von Holzhochbeeten, z. B. Winkel- oder Stufenhochbeete. Selbst individuelle Lösungen, die sich ganz nach Wunsch konfigurieren lassen, werden inzwischen angeboten.*

5 Draht und Folie

Hasendraht am Boden schützt das Beet vor Wühlmäusen. Am besten ringsherum hochziehen – zumindest über die erste Bretterreihe hinaus. Die Innenwände werden mit Teichfolie oder Dachpappe verkleidet.

Lärchenholz ist von Natur aus feuchtigkeitsbeständig. Es kann auch ungehobelt verwendet werden und muss nicht weiter konserviert werden. Achten Sie jedoch darauf, dass es eine Dicke von mindestens 2,5 cm hat.

6 Lärchenholz

7 Aluschienen

Bausätze gibt es in verschiedenen Formen, z. B. rechteckig, quadratisch, dreieckig, u-förmige, oval oder rund. Aluschienen an den Ecken sorgen bei manchen Modellen für mehr Stabilität.

Recht leicht lassen sich Hochbeete aus übrig gebliebenen Bohlen oder Brettern bauen. So lassen sich auch Reste aus früheren Bauprojekten gut nutzen.

8 Übrig gebliebene Bretter

9 Bausätze nutzen

Im Gartenfachhandel gibt es auch Bausätze für Holzhochbeete, die in den Boden eingelassen oder auf dem Boden aufgestellt werden.

10 Hochbeet bepflanzen

Bepflanzen Sie Ihr Hochbeet nach Wahl. Sie können z. B. reine Gemüse-, Kräuter- oder Blumenbeete anlegen, aber auch ertragreiche Mischbeete.

WICHTIG: FOLIE

Das Auskleiden mit Folie oder Dachpappe schützt das Holz vor Feuchtigkeit und Verrottung. Außerdem wird die Verdunstung eingeschränkt und Austrocknung wird reduziert. Achten Sie jedoch darauf, nicht den Boden mit Folie zu verschließen.

Stein und Gabionen

Stein gewinnt als Baumaterial für Hochbeete zunehmend an Bedeutung. Im Gegensatz zu Holz ist Stein als Baumaterial vollkommen unempfindlich gegen Feuchtigkeit. Und so kann ein solches Beet durchaus eine Lebensdauer von einigen Jahrzehnten aufweisen – wenn es entsprechend stabil gebaut wurde. Allerdings sollten Sie sich darüber im Klaren sein, dass steinerne Hochbeete nach einigen Jahren, wenn sich das Befüllungsmaterial teilweise zersetzt hat, neu befüllt werden müssen.

INFO

» Hochbeete aus Stein und Gabionen sind eine sehr langlebige Variante. Fäulnis und Witterung stellen dabei kein Problem dar. «

BAUEN MIT UNTERSCHIEDLICHEN STEINEN

Ähnlich wie beim Holz als Baumaterial haben Sie auch bei Steinbeeten die Qual der Wahl. Sie finden nämlich in Baumärkten oder bisweilen auch in Gartencentern eine ganze Menge unterschiedlicher Steine, die sich alle als Einfassung eines Hochbeetes einigen. Besonders beliebt sind in diesem Zusammenhang Natursteine wie Granit, Porphyr, Kalk- oder Sandstein. Die Verarbeitung solcher Steine verleiht dem Beet dann immer eine sehr abwechslungsreiche und lebendige Struktur. Allerdings gibt es auch hier einen Wermutstropfen: Natursteine sind in der Anschaffung recht teuer.

Eine deutlich günstigere Alternative stellen da Betonformsteine dar. Früher waren sie die „hässlichen Entlein" unter den Baumaterialien, aber mittlerweile können Sie Betonformsteine auch schon in recht ansprechender Optik bekommen. Sie bieten den Vorteil einer absolut gleichmäßigen Form und lassen sich daher vergleichsweise einfach verarbeiten.

In letzter Zeit erfreuen sich auch Schlackensteine wachsender Beliebtheit. Auch sie sind gleichmäßig geformt und lassen sich einfach verarbeiten. Insbesondere die Steine, die innen einen Hohlraum aufweisen, eigenen sich gut für den Bau von Hochbeeten. Hier können Sie nämlich auch die Hohlräume befüllen und später dann bepflanzen. Das sieht nicht nur gut aus, sondern verleiht der Mauer auch noch zusätzliche Stabilität.

Unabhängig davon, welchen Stein Sie letztlich verwenden möchten, steht noch eine grundsätzliche Entscheidung an, bevor Sie sich an den Bau des Beetes machen können. Man unterscheidet nämlich – unabhängig vom Baumaterial – zwischen zwei Bauweisen: Sie können Ihr Beet im Stil einer Trockenmauer, bei der die Steine ohne Mörtel übereinandergeschichtet werden, realisieren oder die Steine mit Mörtel verbinden.

Sollten Sie sich für eine gemörtelte Mauer entscheiden, ist auf jeden Fall ein Fundament (z. B. aus einer 40 Zentimeter dicken Schotterschicht) erforderlich, um der Mauer die nötige Standfestigkeit zu verleihen.

1 Verschiedene Formen

Mit Hochbeeten aus Steinen lassen sich verschiedene Formen verwirklichen. Auch bei der Art der Steine gibt es unzählige Varianten. Besonders hübsch wirken Natursteine. Hier sieht jeder einzelne Stein ein wenig anders aus (und zwar unabhängig davon, ob und wie stark die Steine vorher bearbeitet wurden).

Bei der Ausführung als Trockenmauer müssen Sie exakt arbeiten und genügend Mauerstärke auswählen, damit Ihr Bauwerk die nötige Stabilität bekommt. Hier ist einige Übung gefragt, evtl. auf die Hilfe eines erfahrenen „Baumeisters" zurückgreifen.

2 Trockenmauer

3 Ziegel- und Mauersteine

Bei Ziegelsteinen sollten Sie auf die einfachen Mauersteine aus Lehm verzichten, da sie nicht sehr stabil und witterungsbeständig sind. Wesentlich besser geeignet sind die aus Ton gebrannten Mauersteine.

Einfache, als Trockenmauer angelegte Hochbeete für Blumen sind ein ideales Mittel zur Gartengestaltung bei abschüssigen Grundstücken.

4 Hangbefestigung

5 Stabilität beachten

Nur versetzt angeordnete Mauersteine geben einer Trockenmauer aus Bruchdsteinen die nortwendige Stabilität und Festigkeit, dass die Mauer auch später dem Gewicht der eingefüllten Erde Stand hält.

6 Formenvielfalt

Gabionen werden im Handel in vielen unterschiedlichen Formen (ob rund oder eckig) und mit verschiedenen Füllungen angeboten. Sie eignen sich hervorragend als dekorative Einfassung von Hochbeeten.

GABIONEN

Gabionen – das sind Drahtgeflechte bzw. -körbe – wurden früher oftmals im Landschaftsbau und zur Befestigung von Böschungen eingesetzt. Mittlerweile haben Gartenbauer sie bereits seit einiger Zeit als reizvolles Gestaltungselement entdeckt. Mit ihrer Hilfe lassen sich einzelne Hochbeete ebenso gut bauen wie ganze Hochbeetlandschaften. Dabei werden die Gabionen meist mit Steinen oder Kies gefüllt, nachdem sie ihren endgültigen Standort gefunden haben. Da die ungefüllten Gabionen leicht zu formen sind, können Sie mit dieser Bauweise auch runde und geschwungene Wände fertigen.

7 Befüllung der Wände

Zur Befüllung der Hochbeetwände kann man Steinmaterial, aber auch Glasbruch verwenden und den Innenraum wie in der Abbildung oben ganz nach den eigenen Wünschen und Vorstellungen gestalten.

Hochbeete aus Gabionen eignen sich aber auch als rustikale Variante für den Anbau von Gemüse, selbst passende Frühbeetaufsätze sind im Handel zu bekommen (hier von der Firma 3ks die Produktlinie Arcadia).

8 Frühbeetaufsatz

9 Beleuchtung setzt Akzente im Garten

Mit handelsüblichen Solarleuchten bestückt wird ein rundes Kräuterhochbeet aus Gabionen auch nachts zu einem wundervollen Blickfang im Garten. Auch dieses Hochbeet besteht aus einem inneren und einem äußeren Gittergeflecht.

SCHON GEWUSST?
Gabionen ermöglichen eine kreative Gartengestaltung und bestehen aus einem äußeren und einem inneren Korb, wodurch eine Füllung mit unterschiedlichen Materialien möglich ist. Dadurch sind sie vielseitig einsetzbar. Die Montage ist meist kinderleicht, differiert allerdings je nach Hersteller. Verbinder und Abstandhalter fixieren die Gittermatten und gehören zur Grundausstattung ebenso wie ein Vlies.

Metall, Kunststoff & Co.

Metall, Kunststoff & Co.

Auch wenn Holz oder Stein die gebräuchlichsten Baumaterialien sind, stellen sie nicht die einzigen Alternativen dar. Wie wäre es beispielsweise mit einem Hochbeet aus Metall? Mit diesem Werkstoff lassen sich auch geschwungene Formen einfach und elegant umsetzen. Natürlich sollten Sie hier auch wieder darauf achten, dass die Metallwände fest im Boden verankert werden. Auch sollte das Material nicht zu dünn gewählt werden, damit es sich unter dem Druck des befüllten Beetes nicht ausbeult. Sollten Sie sich hier für einen Bausatz entscheiden, sind die Wände häufig schon mit einer speziell gebogenen Oberkante versehen, die einen wirksamen Schutz gegen Schnecken darstellt.

Weidenflechtwerk wurde bereits in historischen Klosteranlagen als Einfassung für Hoch- oder Hügelbeete verwendet. Heute wird es entweder als Verkleidung für einfache Holzwände eingesetzt oder dient selbst als Material zur Umrandung kleiner und flacher Hochbeete. Weidenflechtwerk kann man schon fertig geflochten in Gartencentern bekommen. Wer handwerklich geschickt ist, kann sich aber auch selber als Flechtmeister versuchen und so auch ungewöhnliche Formen verwirklichen.

Daneben können Sie auch Bausätze aus Kunststoff bekommen. Kunststoff-Hochbeete sind sehr einfach aufzubauen. Oft handelt es sich hierbei um ein Stecksystem, das Sie häufig sogar ohne Werkzeuge aufbauen können. Solche Systeme sind gerne auch modular aufgebaut, sodass Sie Ihre Hochbeete immer wieder ohne allzu großen Aufwand erweitern können. Beim Einsatz von Kunststoff müssen Sie sich natürlich keine Gedanken darüber machen, ob Ihr Baumaterial der Feuchtigkeit eines Hochbeets standhalten kann.

TIPP

» Zwar sind Hochbeete aus Metall in der Regel schnell aufgebaut, allerdings bieten sie weniger Wärmedämmung als Hochbeete aus Holz bzw. Kunststoff. «

1 Farbige Hochbeete

Metallhochbeete gibt es auch in verschiedenen Farben wie hier beim Anbieter Smartbeet. Stellen Sie sich Ihr Hochbeet farblich individuell zusammen, von Nußbraun bis Moosgrün. Sie können aus einer umfangreichen Farbpalette auswählen.

Dieses Metallhochbeet aus feuerverzinktem Stahl (www.beckmann-kg.de) ist ein dekoratives und modernes Gestaltungselement im Garten. Die stabilen Querprofile werden in Minutenschnelle mit den Eckpfosten verbunden.

2 Stahlhochbeet

VORTEILE VON METALLHOCHBEETEN:

- Hochbeete aus Metall sind besonders stabil, langlebig und pflegeleicht
- Es sind keine Wartungsarbeiten wie Streichen oder Imprägnieren notwendig
- schlankes, formschönes Design
- kein Imprägnieren oder Streichen mit Chemikalien
- kein Schutz der Außenwände mit Plastikfolien

Eine Wandung aus spezialbeschichtetem und robustem Wellmetall garantiert eine lange Haltbarkeit und große Variabilität. Auf unterschiedliche Gartensituationen kann man damit flexibel reagieren und relativ kostengünstig zu einem Hochbeet-Gemüsegarten umgestalten.

3 Wellmetallhochbeet

4 Edelrostoberfläche

Diese Pflanzenpyramide aus Stahlblech mit einer Edelrostoberfläche besticht durch ihr modernes Design und die so einfache wie flexible Gestaltung durch einzelne Metallringe (www.primaterra.at).

Flexible (Weiden-)Zweige zu einer Wand verflochten, eignen sich ideal, um die Aussenseite eines Hochbeetes naturnah zu verkleiden, so fügt es sich harmonisch in den Garten ein.

5 Flechtwerk

6 Pflanzentröge aus Metall

Pflanztröge und Hochbeete von Primaterra lassen sich flexibel miteinander kombinieren und einzeln oder in Gruppen im Garten zu individuell zu gestaltenden erhöhten Gemüse- oder Blumenbeeten zusammenstellen.

7 Hochbeetschmuck

Auch passende dekorative Schmuckelemente gibt es in verschiedenen Motiven zu Metallhochbeeten. Ein Wurm ist Symbol für die reiche Bodenfauna im Hochbeet.

SCHON GEWUSST?

Mit einem Hochbeet aus Metall kann man auch kleine Gärten gestalten. Ganz ohne anstrengendes Bücken und Knien können Sie Gemüse, Blumen und Kräuter pflegen. Außerdem bekommen die Pflanzen mehr Licht und Wärme, wodurch ihr Wachstum unterstützt wird.

8 Metallkorb mit Kokosmatte

Besonders für den Einsteiger geeignet, da preisgünstig und leicht aufzubauen sowie sehr flexibel, sind Hochbeete mit einer verrottungsfesten Kokosmatte, die von innen an einem Metallgestell befestigt wird und das danach mit Substrat befüllt wird (www.gartenallerlei.de).

Hochbeete aus Kunststoff werden meist als Baukastensystem angeboten. Diese Hochbeetvarianten sind aus witterungsfesten Bauteilen, die für eine zusätzliche Wärmeisolierung sorgen und oft aus Recyclingmaterial hergestellt werden.

9 Baukastensystem

10 Variabel erweiterbar

Hochbeet aus witterungsbeständigen Kunststoffplatten sowie verzinkten Stahlrohren für hohe Stabilität und Standfestigkeit. Die Grundgröße kann beliebig erweitert werden. Durch Pflanzlöcher können aus der Wandung z. B. Gemüse oder auch Kräuter und Blumen wachsen (www.beckmann-kg.de).

VORTEILE VON HOCHBEETEN AUS KUNSTSTOFF:

- ohne Werkzeug problemlos aufzubauen
- diverse Zubehörartikel
- flexibel erweiter- und auf unterschiedliche Höhen einstellbar
- leicht aufzubauen
- gut zu transportieren und schnell wieder abzumontieren
- geringes Gewicht
- preiswerte Bausatzsysteme
- gute Wärmeisolation

Mit Hochbeeten gestalten

Mit Hochbeeten gestalten

Wer einen Garten besitzt, der mehr als ein reiner Nutzgarten ist, wird natürlich immer bestrebt sein, es dort so hübsch wie möglich zu machen. Hier können Hochbeete und Pflanzkübel als gestalterische Elemente eine wichtige Rolle übernehmen.

TIPP

» Bei der Planung eines Gartens ist es hilfreich, sich die wichtigsten Grundprinzipien der Gartengestaltung zu vergegenwärtigen: Form, Oberfläche und Farbe. Auf diese Weise kann man eine Vielzahl von Wirkungen auf das Auge und die Psyche erzielen. Sie können selbst ausprobieren, welche Wirkungen Sie mit Ihrer Gartengestaltung auf sich selbst und auf Gäste erzeugen. «

RAUMTEILER MIT SITZBANK

Beispielsweise können sie als Raumteiler – ähnlich frei stehenden Regalen in großen Räumen – fungieren. Große Gärten mit einer eher länglichen Form lassen sich sehr gut durch quer stehende Hochbeete gliedern. Hier ist einerseits eine Unterteilung in Nutzgarten und Ziergarten denkbar, andererseits lässt sich das optische Erscheinungsbild eines Gartens dadurch effektiv verändern.

Durch Hochbeete wird dann nämlich die unbeschränkte Sicht durch den kompletten Garten verstellt und das Grundstück wirkt gleich nicht mehr wie ein „Schlauch". Mit mehreren Hochbeeten, die Sie seitlich versetzt anordnen, lässt sich auch eine allzu strenge Gartenarchitektur auflockern. Auf diese Weise schaffen Sie ein abwechslungsreiches Bild und wecken gleichzeitig Neugier auf die Teile des Gartens, die nicht mehr problemlos eingesehen werden können.

Auch der gegenteilige Effekt lässt sich mithilfe von Hochbeeten erzielen: Kleine Gärten, wie man sie zum Beispiel in vielen Städten an Reihenhäusern findet, können optisch „vergrößert" werden. Das geschieht, indem Sie den Betrachter von der eigentlichen Größe des Gartens ablenken. Hierbei besteht der gestalterische Trick in einer klaren Linienführung. Auch die symmetrische Anordnung mehrerer Hochbeete hat sich dabei schon häufig als hilfreich erwiesen. Bei dieser Art der Gartengestaltung kommen aus Platzgründen natürlich nur rechteckige Beete in Frage.

Da Sie beim Bau von Hochbeeten recht viele Freiheiten haben, bietet es sich an, mit verschieden hohen Beeten zu experimentieren. Auch damit lassen sich tolle Effekte erzielen. Wer ein bisschen mehr Aufwand beim Bau seines Hochbeetes nicht scheut (und handwerklich ein wenig begabt ist), sollte über ein Hochbeet mit integrierter Sitzbank nachdenken. Eine solche, nicht alltägliche Sitzgelegenheit verleiht Ihrem Garten eine ganz besondere Note. Sie kann aber auch als Abschluss einer Terrasse dienen oder als pfiffiges Möbelstück für Ihren Balkon Verwendung finden.

Eine Hochbeet-Bank sollten Sie natürlich an einer Stelle im Garten aufbauen, wo Sie sich besonders wohlfühlen. Die Aspekte für den optimalen Standort eines Hochbeets sollten Sie bei der Wahl dennoch nicht aus den Augen verlieren.

Große Pflanzelemente in Rostoptik mit Blumen in Kombination mit einem pflegeleichten Untergrund wie beispielsweise Zierkies verleihen bislang vernachlässigten oder auch schwer zu pflegenden Ecken des Gartens eine moderne Eleganz.

1 Moderne Eleganz

2 Auffälliger Blickfang

Farblich auffällig gestaltete Hochbeete setzen in kleinen Gärten Akzente, sie ermöglichen auf relativ geringem Raum auf unaufwendige Weise die Anzucht von Gemüse und ziehen den Blick des Betrachters auf sich. Ein belebendes Element selbst in einfach gehaltenen Gärten mit wenig Pflanzen oder nur einem Rasen. Bestens geeignet auch für Mietwohnungen mit einem kleinen Gartenanteil oder als schnelle Lösung nach der Neuanlage eines Gartens.

3 Lebendige Abwechslung

Dieses gemauerte Hochbeet mit seiner naturnahen Bepflanzung mit niedrigen, lang blühenden Stauden ist der Mittelpunkt eines gemütlichen Gartensitzplatzes.

MIT FARBE GESTALTEN

Farben im Garten erzeugen eine Vielzahl von Stimmungen und sind besonders wichtig bei der Gestaltung eines Gartens mit Blumen. Deshalb sollten Sie die Farben in Ihrem Garten gut überlegen und auf einander abstimmen. Helle Farben wie Rot, Gelb und Orange wirken anregend, entspannend und stimmungsaufhellend. Grün, Blau, Violett und Rosa haben vor allem eine beruhigende Wirkung. Werden sie nicht massiv eingesetzt, besteht die Gefahr, dass sie im Garten untergehen.

SINNVOLLE GARTENGESTALTUNG

Die Elemente eines Gartens sollten nicht nur ästhetisch ansprechend, sondern auch funktionell sein.

Ein Hochbeet mit einer Einfassung aus massiven, naturbelassenen und im Boden teilweise versenkten Rundholzriegeln fügt sich harmonisch in die Gartengestaltung ein, gibt dem Garten aber gleichzeitig Struktur und eine klare Linie.

4 Strukturen schaffen

Mit einfachen Mitteln improvisiert entsteht aus einem Rundholz-Rahmen, ausgekleidet mit alten Dachziegeln und mit vier großen Blumentöpfen aus Kunststoff, ein einfaches Hochbeet mit dem Charme des Unperfekten.

5 Raum für Improvisation

6 Hochbeetpyramide

Mithilfe von kleiner werdenden Holzrahmen aus einfachen Brettern, die versetzt übereinander gestapelt und mit Humus gefüllt werden, lässt sich schnell eine eindrucksvolle Pflanzpyramide für den Anbau von Gemüse, aber auch für verschiedenste Blumen und Blütenstauden zimmern, die vor allem naturnahen Gärten gut zu Gesicht steht.

Unbehandelte Holzbretter als Rahmen bzw. Verkleidung von Hochbeeten sind pflegeleicht und nehmen im Laufe der Jahre eine hübsche grau-silbrige Patina an.

7 Ländlicher Charme

8 Integrierter Sitzplatz

Gemauerte Hochbeete sind so stabil, dass man hier auch einen kleinen erhöhten Sitzplatz problemlos integrieren kann. Die attraktive Randbepflanzung mit Gräsern und Steingartenpflanzen lässt sich bequem im Stehen pflegen und versorgen.

9 Hochbeet vor der Terrasse

Diese Kombination aus Hochbeet und Sitzplatz auf einer Terrasse vor dem Haus am Übergang zum Garten dient als Sichtschutz. Davor und in den erhöht liegenden Beeten befindet sich ein abwechslungsreicher Staudenbewuchs.

MIT OBERFLÄCHEN GESTALTEN

Bei der Gartengestaltung sind auch Oberflächen und Texturen wichtig. Sie ermöglichen visuelle Effekte, erzeugen Farbstimmungen und bestimmen die Wirkung von Licht und Schatten. Raue und grobe Strukturen wirken meist optisch dominant. Feine, glatte Strukturen sind dagegen eleganter und strenger. Oberflächen wirken sich auch auf die Wahrnehmung eines Gartens aus. Glatte Oberflächen lassen z. B. kleine Gärten größer erscheinen.

Der richtige Standort

TIPP

„Legen Sie Ihren Gemüsegarten einfach in einem Hochbeet an und platzieren Sie es dorthin, wo die Sonne am meisten hinscheint. So wachsen saftige Karotten, knackiger Spinat oder zarte Zucchini am besten."

Der richtige Standort

An welchem Platz ein Hochbeet oder Frühbeet nun genau stehen und in welche Himmelsrichtung es ausgerichtet werden soll, hängt ganz entscheidend von seiner Nutzung ab. Für Gemüsebeete gilt hierbei ein ganz einfacher Grundsatz: Positionieren Sie das Beet so im Garten, dass es das Sonnenlicht möglichst optimal ausnutzen kann. Wenn es möglich ist, richten Sie dabei seine Längsachse in Nord-Süd-Richtung aus. Für besonders wärmeliebende Gemüsesorten wie Paprika, Tomaten, Gurken und Bohnen eignen sich Plätze an einer nach Süden ausgerichteten Wand oder Mauer besonders gut.

DIE NUTZUNG ENTSCHEIDET ÜBER DIE AUSRICHTUNG

Wenn Sie Ihr Hochbeet mit Zierpflanzen bepflanzen möchten, haben Sie im Prinzip die freie Standortwahl. Es hängt lediglich von den Pflanzen und deren Vorlieben ab, ob Sie einen Standort in der Sonne, im Halbschatten oder im Schatten wählen.

HOCHBEETE IM SCHATTEN

Bei der Wahl des Standortes für Ihr Hochbeet sind sonnige Plätze auf jeden Fall zu bevorzugen. Das heißt aber im Umkehrschluss nicht, dass Sie auf ein Hochbeet verzichten müssen, wenn Sie nicht über derartige Standorte verfügen. Die richtige Wahl der Pflanzen stellt hier nämlich den Schlüssel zum Erfolg dar. Die folgenden Gemüsesorten wachsen und gedeihen auch an schattigen Plätzen prächtig: Bleichsellerie, Blumenkohl, Brokkoli, Chicorée, Endivien, Grünkohl, Knollensellerie, Kohlrabi, Kopfkohl, Kresse, Lauch, Löwenzahn, Mangold, Pastinaken, Rettiche, Rhabarber, Rosenkohl, Rote Bete, Salat, Kohlrüben, Spinat, Topinambur. Auch Farne und Funkien lieben den Schatten und stellen somit eine ideale Bepflanzung für Schatten-Hochbeete dar.

UNVERSIEGELTER UNTERGRUND

Unabhängig davon, wo Sie Ihr Hochbeet aufbauen möchten, sollten Sie eines unbedingt beachten: Das Hochbeet sollte auf einem unversiegelten Untergrund stehen. Gepflasterte oder betonierte Flächen eignen sich hier also nicht.

Nur auf einem unversiegelten Boden können Regen und das Gießwasser ungehindert abfließen. So vermeiden Sie, dass die Wurzeln in einem zu feuchten Boden stehen und anfangen zu verfaulen. Zudem ist nur so sichergestellt, dass es Bodenlebewesen möglich ist, in das Substrat Ihres Hochbeetes einzuwandern und bei den wichtigen Zersetzungsprozessen mitzuwirken. Einen guten Ertrag bzw. eine besonders schöne Blütenpracht erhalten Sie nämlich nur mithilfe dieser Lebewesen. Natürlich ebnen Sie damit auch Schnecken und anderen Schädlingen ein Stück weit Tür und Tor. Da sich aber bei einem Hochbeet die Pflanzen nahezu auf Augenhöhe befinden, wird es Ihnen nicht schwerfallen, diese lästigen Tierchen zu erkennen und sie zu entfernen, ohne dabei gleich die „chemische Keule" auspacken zu müssen.

Sie können Ihr Hochbeet auch an einer Hanglage platzieren. In diesem Fall sind die Vorbereitungen jedoch ein wenig aufwendiger, denn nun ist es nötig, eine ebene Grundfläche zu schaffen. Sie werden also zu Spaten und Schaufel greifen müssen. Diese Mühe lohnt sich aber auf jeden Fall, denn ein Hochbeet an einem Hang stellt immer einen besonderen Blickfang dar.

Wie meistens im Leben gibt es aber auch hier Ausnahmen. Hochbeete, die Sie auf einem Balkon oder einer Dachterrasse platzieren, können natürlich nicht auf einer unversiegelten Fläche stehen. Wenn Sie aber die nötige Vorsicht beim Gießen walten lassen und Ihren Pflanzen besondere Sorgfalt widmen, steht auch hier einer erfolgreichen Gartenarbeit nichts mehr im Wege.

ACHTEN SIE AUF DIE STATIK!

Hochbeete bringen ein erstaunliches Gewicht auf die Waage. Wenn man beispielsweise ein Hochbeet mit einer Breite von 1,50 Meter, einer Länge von 3 Meter und eine Höhe von 1,20 Meter hat, hat dieses ein Fassungsvermögen von 5.400 Litern. Befüllt wiegt ein solches Beet deutlich mehr als 5 Tonnen! Wenn Sie sich diese Zahlen vor Augen führen, können Sie sich leicht vorstellen, dass es bei der Planung von Hochbeeten auf Balkonen oder Dachterrassen durchaus sinnvoll ist, sich Gedanken über die Statik zu machen. Schließlich will niemand, dass das neue Beet mitsamt dem Balkon in die Tiefe stürzt. Erkundigen Sie sich also am besten vor der Planung beim Hausbesitzer oder beim Erbauer des Hauses, welche Tragkraft Ihr Balkon oder Ihre Dachterrasse haben.

DIE LAGE ENTSCHEIDET

Plätze in Südlage können im Sommer recht heiß werden.

Plätze in Nord- oder Ostlage hingegen werden von vielen Gartenfreunden im Frühjahr oder Herbst oftmals als schattig und kühl empfunden.

Südwestlagen erscheinen meist für jeden Geschmack und auch für die Platzierung von Hochbeeten ideal.

1 Sonneneinstrahlung beachten

Vor allem im Frühjahr sollte bei Hochbeeten eine ungehinderte Sonneneinstrahlung gewährleistet sein, damit sich im Frühbeet Luft und Boden erwärmen können und so das Pflanzenwachstum fördern. Aber achten Sie darauf, ausreichend zu lüften und gegebenenfalls zu schattieren, wenn die Einstrahlung zu stark ist.

Bei Hochbeeten mit geringem Anteil an Sonnenstunden ist bei der Bepflanzung auf die richtige Auswahl der Bepflanzung zu achten. Wichtig ist, dass die Pflanzen Schatten vertragen.

2 Schattenlage

3 Versiegelte Untergründe

Undurchlässiger Untergrund wie auf dieser Dachterrasse setzt einen besonderen Aufbau von Hochbeeten voraus. Mit speziellen Drainageböden aus dem Fachhandel kann die Be- und Entwässerung reguliert und vor allem kontrolliert werden.

4 Unversiegelter Untergrund

Für das Funktionieren des Wasserhaushalts eines Hochbeets ist unversiegelter Untergrund entscheidend. Regenwasser kann ungehindert ablaufen und ein Nährstoffaustausch zwischen Untergrund und Hochbeet ist gewährleistet.

SCHON GEWUSST?

Beim Bau eines Hochbeets für den Balkon sollte unbedingt vorab das Gewicht der Füllung bzw. das zulässige Höchstgewicht für den jeweiligen Standort geklärt werden. Hierbei ist der Maximalwert bei einer Dauerbelastung entscheidend!

5 Hochbeete beschatten

Gemüsehochbeete an exponierten Standorten, die sehr starker Sonneneinstrahlung ausgesetzt sind, kann man beschatten. Nützliches Zubehör aus dem Handel schützt empfindliche Gemüsepflanzen gleichzeitig auch vor Starkregen und Hagelschauern.

Kräuter sind in der Regel wahre Hitzekünstler. Viele unserer gebräuchlichsten Küchenkräuter stammen aus dem Mittelmeerraum und sind für gutes Wachstum auf ausreichend Wärme und Sonne sowie auf ein spezielles, nährstoffarmes Pflanzsubstrat angewiesen.

6 Kräuter lieben Sonne

7 Bodenansprüche beachten

Viele Kräuter sind auf durchlässigen Boden und einen vergleichsweise geringen Nährstoffbedarf spezialisiert. Dies sollten Sie bei der Anlage eines Käuterhochbeets beachten und die Erde mit mindestens einem Drittel Sand vermischen.

WUCHSHÖHE BEI KRÄUTERN BEACHTEN

- Liebstöckel, Rosmarin und Salbei werden recht hoch, sollten daher in Richtung Norden gepflanzt werden, so nehmen sie den niedrigeren Kräutern kein Sonnenlicht weg.
- Halbhohe Kräuer, z.B. Petersilie, Basilikum, Kerbel und Pfefferminze, kommen in die Beetmitte.
- Niedrige Kräuter wie Schnittlauch, Kresse und Majoran werden in Richtung Süden gepflanzt.

Das Frühbeet

TIPP

„Aufgrund des geringen Volumens passiert bei Frühbeeten eine Überhitzung relativ schnell. Automatische Fensterheber für Kleingewächshäuser leisten hier gute Dienste. Auch regelmäßiges Gießen sollten Sie nicht vergessen!“

Das Frühbeet

Für alle, denen es schon im Spätwinter oder im zeitigen Frühjahr im grünen Daumen kribbelt, ist ein Frühbeet genau das Richtige. Schon ab Ende Februar können Sie darin erste Gemüsesorten wie z. B. Radieschen, Kohlrabi, Zwiebeln, Spinat, Möhren oder Kresse aussäen bzw. pflanzen. Im Sommer lässt sich das Frühbeet für wärmeliebende Pflanzen wie Auberginen, Tomaten oder Paprika nutzen, in Herbst und Winter z. B. für Feldsalat oder Endivien.

WÄRMENDER GLASHAUSEFFEKT FÜR FRÜHSTARTER

Ein Frühbeet ist eine flache, meist kastenförmige, glasbedeckte Anbaufläche. Der Effekt der Wärmespeicherung schützt die Pflanzen vor widrigen Temperaturen und verlängert ihre Wachstumszeit. Meist werden Frühbeete zur Vorkultivierung für eine spätere Auspflanzung im Freien genutzt.

Nutzt man ein Hochbeet als sogenanntes Frühbeet, benötigt man eine Abdeckung, die den Wärme spendenden Glashauseffekt erzeugt. Wichtig für die Abdeckung eines Hochbeetes ist, dass sie dicht schließt. Nur auf diese Weise bleibt die Wärme auch dort, wo Sie sie haben möchten, nämlich bei den Pflanzen. Bei Bausätzen für Hochbeete bieten die Hersteller häufig auch passende Abdeckungen in unterschiedlichen Ausführungen an. Wenn Sie das Beet selber gebaut haben, können Sie mit etwas Glück auch dafür eine geeignete Abdeckung finden. Im Zweifelsfall werden Sie sie aber selber bauen müssen.

Achten Sie bei der Auswahl des Baumaterials besonders auf Stabilität, denn die Abdeckung sollte Frühjahrsstürmen ebenso standhalten wie heftigen Regen- oder Hagelschauern. Folienkonstruktionen sind hier also nur bedingt empfehlenswert, obwohl sie einfach zu bauen sind und die Materialkosten auch nicht sehr zu Buche schlagen. Glas sieht zwar schick aus, empfiehlt sich aber als Material ebenfalls nicht. Die beste Wahl dürften sogenannte Hohlkammerplatten aus Kunststoff sein. Hier befinden sich zwischen der Vorder- und Rückseite schmale, mit Luft gefüllte Kanäle, die für eine hervorragende Wärmedämmung sorgen. Diese Platten sind in verschiedenen Größen erhältlich. Bei einer Dicke von 4 mm, die sich für eine Abdeckung empfiehlt, kostet der Quadratmeter zwischen 30 und 40 Euro.

Hohlkammerplatten finden übrigens auch beim Bau kleinerer Gewächshäuser häufig Verwendung. Verbauen Sie diese Platten in einen stabilen Rahmen aus Holz oder Metall. Zusätzlich sollten Sie noch darauf achten, dass sich die Abdeckung einfach auf- und zuklappen lässt (oder zumindest über Klappen verfügt), damit es keine Probleme beim Gießen, der Ernte oder beim Lüften gibt. Am besten befestigen Sie die Abdeckung mit Scharnieren und sehen an den Seiten eine Vorrichtung vor, die sie im aufgeklappten Zustand auch offen hält.

Frühbeete eignen sich hervorragend, um die Gartensaison zu verlängern. In Frühbeeten hat man Platz für die Anzucht von Gemüse und Sommerblumen schon früh im Jahr. Trotz Nachtfrösten ermöglichen sie eine längere Ernteperiode.

1 Gartensaison verlängern

WARM- ODER MISTBEET

Beim Warm- oder Mistbeet wird die durch einen Verrottungsprozess freigesetzte Wärme für eine besonders frühe Anzucht ausgenutzt. Die Fläche des Beets hierzu 80 cm tief ausheben und Boden ca. 5 cm mit Laub bedecken. Dann 50 cm Pferdemist und eine weitere Laubschicht einfüllen. Darauf kommt dann 20 cm Erde. Diese Füllung produziert ca. 6–8 Wochen ausreichend Wärme. Bei kalten Temperaturen die Abdeckung zusätzlich isolieren.

Auch der Handel bietet, abgestimmt auf die verschiedenen Hochbeetmodelle, Lösungen an, dass Sie Ihr Hochbeet schon vor Beginn der Gartensaison bepflanzen können. Dieser Frühbeetaufsatz wird als Bausatz geliefert und besteht aus UV-beständigem und bruchfestem Acrylglas (www.gartenonline.at).

2 Aufsätze fürs Hochbeet

3 Eigenbau

Ein Frühbeetaufsatz für das Hochbeet lässt sich einfach selbst herstellen. Ein Rahmen aus Holzlatten in der entsprechenden Größe mit stärkerer Kunststofffolie bespannen und mit Scharnieren am Hochbeet anschrauben. Fertig ist das Frühbeet.

Auch bereits ein einfacher Folientunnel hat sich auf Beeten und Hochbeeten als Kälteschutz bewährt und ermöglicht einen effektiven Frostschutz.

4 Folientunnel

5 Geschlossenes System

Auf dieses Hochbeet kann passgenau ein herkömmliches Frühbeet aufgesetzt werden, so kann schon zeitig mit dem Anbau begonnen werden und die durch die Schichtung der verschiedenen Füllmaterialien entstehende Wärme in dem isolierten Schutzraum des Frühbeets ausgenutzt werden (www.beckmann-kg.de).

6 Treibhausaufsatz

Dieses Hochbeetsystem lässt sich auch im Nachhinein mit einem Treibhausaufsatz ausrüsten. Der einseitige Zugang ist ideal für Hochbeete an einer Hauswand. So lässt sich das Beet nahezu ganzjährig betreiben (www.gartenfrosch.com).

SCHON GEWUSST?

Das Frühbeet sollte geschützt, an einer sonnigen Stelle aufgestellt werden. So, dass die Sonne ideal auf die schrägen Glasflächen fällt.
Je kleiner das Frühbeet, umso größer sind die Temperaturunterschiede. Mit Lüften und Schattieren sowie Abdecken mit isolierender Noppenfolie in der Nacht kann dem gezielt entgegengewirkt werden.

7 Recycling-Version

Eine einfache Recycling-Version eines Frühbeets ist aus alten Ziegelsteinen und einem nicht mehr genutzten Fensterflügel, der nur auf den Ziegel-Rahmen gelegt wird, schnell gemacht. Sieht nicht nur gut aus, sondern ist auch ideal für den Einstieg ins Frühbeetgärtnern geeignet.

Gute Qualität bei Frühbeeten erkennt man an der Verarbeitung und dem verwendeten Material. Profile aus korrosionsbeständigem Aluminium und hagel- und bruchfeste Stegdoppelplatten bieten Stabilität, einen hohen Isolierwert und große Lichtdurchlässigkeit für ein ideales Wachstumsklima (www.beckmann-kg.de).

8 Auf Qualität achten

9 Frühbeet im Miniformat

Egal ob hübsche kleine „Minigewächshäuser" oder nur eine alte abgeschnittene Plastikgetränkeflasche, der Effekt ist der gleiche: Einzelne kälteempfindliche Jungpflanzen können so vor Frost und tiefen Temperaturen gezielt geschützt werden.

VERBRENNUNGEN VERMEIDEN

Wichtig ist ein sonniger Standort und eine ausreichende Belüftung. Wird eine Innentemperatur von ca. 22 °C überschritten, sollten Sie die Abdeckung anheben, damit die Pflanzen nicht verbrennen.

Unterfahrbare Hochbeete

TIPP

» Jeder Garten steckt voller Leben, er ist jedes Mal wieder eine wahre Sinnesreise. Vom hautnahen Kontakt mit der Natur, wie ihn unterfahrbare Hochbeete ermöglichen, können vor allem auch Menschen mit körperlichen und geistigen Einschränkungen profitieren. «

Unterfahrbare Hochbeete

Hochbeete sind vor allem für Gehbehinderte und Rollstuhlfahrer perfekt geeignet. Barrierefreiheit für ungehinderten Gärtnerspaß bietet hierbei ein unterfahrbares Hochbeet.

Ist bei einem klassischen Hochbeet meist die Erreichbarkeit des gesamten Beets beschränkt, sitzt man bei einem unterfahrbaren Hochbeet frontal und teilweise unter der Arbeitsfläche, sodass das gesamte Beet gut erreichbar ist, ohne dass dabei die Beine im Weg sind und man sich allzu sehr strecken muss. Idealerweise ragt die Pflanzwanne dabei ca. 40 Zentimeter über den Sockelrand hinaus. Durch eine leicht nach innen geneigte Wanne und ein Drainagevlies, das das Wasser zum Drainagematerial ableitet, wird ein Wasserstau beim Gießen verhindert. Im Gegensatz zu klassischen Tischbeeten bieten unterfahrbare Hochbeete den Vorteil, dass sie Bodenkontakt haben und sich so auch in der Beetmitte tiefwurzelnde Pflanzen anbauen lassen.

1 Arbeiten in der richtigen Höhe

↑ Trotz idealer Arbeitshöhe belastet bei nicht unterfahrbaren Hochbeeten die vorgebeugte bzw. seitliche Arbeitsweise auf Dauer den Bewegungsapparat und der Vorteil der günstigen Arbeitshöhe geht verloren.

Die erhöhte Arbeitsfläche macht Gartenarbeit im Sitzen möglich. Doch sitzt man vor dem Beet, fehlt Platz für die Beine. Bei einem unterfahrbaren Hochbeet ist es möglich, auf einem Stuhl oder Rollstuhl vor (und unter) dem Hochbeet zu sitzen.

2 Mehr Platz für die Beine

3 Auf Qualität achten

Bei diesem unterfahrbaren Hochbeet garantieren massive Bohlen aus Douglasienholz und Einlagen aus Edelstahl eine lange Haltbarkeit, bieten eine ansprechende Optik und ermöglichen ein intensives Erleben der Natur mit allen Sinnen (www.gartenallerlei.de).

4 Angepasste Arbeitshöhe

Für ideale Arbeitsbedingungen ist es notwendig, das Hochbeet an den körperlichen Gegebenheiten auszurichten. Bei Behinderung oder mit steigendem Alter sind Hochbeete die optimale Lösung für bequemes Gärtnern.

TISCHBEET, DIE KOSTENGÜNSTIGE ALTERNATIVE

Mit einem unterfahrbaren Tischbeet kann man kostengünstig den Einstieg in die Welt der barrierefreien Hochbeete testen. Anders als unterfahrbare Hochbeete haben Tischbeete keinen Bodenkontakt, sind aber trotzdem zur Anzucht und Pflege von niedrigwurzelnden Blumen, Pflanzen und besonders Kräutern geeignet.

Hügel- und Senkbeete

Hügelbeete sind der Füllung nach mit einem Hochbeet vergleichbar. Somit bieten sie auch die damit verbundenen Vorteile von Hochbeeten wie etwa eine verlängerte Anbauzeit durch höhere Temperaturen und hohe Ernteerträge. Allerdings besitzen sie einen anderen Aufbau. Da hier die Umrandung wegfällt, sind Hügelbeete kostengünstige Alternativen zu Hochbeeten.

DIE IDEALE ALTERNATIVE ZUM HOCHBEET

Hügelbeete sind Hochbeete ohne Einfassung, die schräg abfallen und hierdurch etwa ein Drittel mehr Anbaufläche bieten. Vorteilhaft sind eine erhöhte Sonneneinstrahlung sowie schnell ablaufendes Regenwasser. Ein Hügelbeet sollte ca. 1,5 bis 1,8 Meter breit sein, damit sich auch die Pflanzen in der Mitte gut erreichen lassen, und eine Länge von mindestens 4 Meter aufweisen. Ideal für die Höhe sind 50 Zentimeter. Wichtig ist es, die Seiten nicht zu steil anzulegen, damit das Wasser nicht ungenutzt abläuft und nicht zu viel Erde weggeschwemmt wird. Für eine gute Lichtausbeute legt man das Hügelbeet in Nord-Süd-Richtung an. Hierzu hebt man die oberste Erdschicht bis zu ca. 25 Zentimetern tief aus, legt ein Drahtnetz gegen Wühlmäuse aus und befüllt das Beet – ähnlich wie beim Hochbeet – mit Schichten aus Gehölzschnitt, Gartenabfällen, Kompost und Erde. Auch die Fruchtfolge entspricht der eines Hochbeets. Hierbei sind jedoch auch die Ansprüche der Pflanzen an die Sonneneinstrahlung zu beachten. So kann man z. B. nach Süden hin gut Zucchini und nach Norden hin Stangenbohnen anordnen.

Besonders für Gemüse eignen sich Hügelbeete gut. Zudem sind sie eher für schwere Böden geeignet, da sandige aufgrund der größeren Oberfläche schnell austrocknen. Gegen das schnelle Austrocknen hat es sich bewährt, oben in der Mitte des Beets eine Regenmulde zu formen, damit das Regenwasser langsamer abfließt. Je nach Art der Bepflanzung sollten Sie zudem intensiver gießen. Im zweiten Nutzungsjahr muss man nachdüngen, da viele mineralische Nährstoffe dann bereits ausgewaschen sind. Stabilisiert werden kann ein Hügelbeet z. B. durch eine kleine Steinmauer oder eine Holzumrandung im unteren Bereich. Nach etwa drei Jahren muss man es allerdings erhöhen, da es mit der Zeit abflacht. Nach sechs Jahren ist das gesamte Beet neu anzulegen.

Bei Senkbeeten handelt es sich um das genaue Gegenteil eines Hügelbeets: Anstatt sich in die Höhe zu erheben, erstrecken sie sich trichterförmig in die Tiefe. Dies hat den Vorteil, dass sich die Hitze darin bei entsprechender Sonneneinstrahlung sammelt und empfindliche Pflanzen bei kälteren Temperaturen besser vor Frost geschützt sind.

TIPP

» Schon ein Absenken von Senkbeeten um 50 cm reicht aus, damit die Pflanzen vor Wind geschützt sind und sich ein wärmeres Kleinklima bildet. Integrierte Mauern oder Findlinge speichern Sonnenwärme und verstärken diesen Effekt. «

Die große Oberfläche von Hügelbeeten bewirkt, dass sie leicht austrocknen. Ein Bewässerungssystem und eine Mulchschicht verringern die Gefahr. Bei der Auswahl der Bepflanzung sollte man auf unempfindliche Arten achten.

1 Trockenheit vermeiden

UMWELTSCHONENDE GEMÜSEKULTUR

Hügelbeete sind eine recht einfache und gleichzeitig sehr ressourcenschonende Möglichkeit, schlechte oder auch schwierig zu bearbeitende Böden schnell für den Gemüseanbau zu nutzen. Die hierfür notwendigen Materialien liefert der Garten selbst.

Der Nährstoffgehalt von Hügelbeeten nimmt im Laufe der Jahre ab und das Hügelbeet wird sich langsam immer weiter setzen. Im vierten Jahr kann man dann darauf Kartoffeln anbauen oder man nutzt das Hügelbeet für eine Erdbeerkultur.

2 Anbauphasen nutzen

3 Gemischte Bepflanzung

Reste von Schnittholz und Baumscheiben fassen das Hügelbeet mit einem spiralförmigen Weg aus alten Ziegeln ein. Das Hügelbeet ist mit einer Mischkultur aus sich gegenseitig fördernden Blumen, Kräutern und Gemüsesorten bepflanzt.

PRAXISTEIL

Fundament setzen

Fundament setzen

Am einfachsten gelingt der Aufbau eines Hochbeets für Hobbygärtner mit einem vorgefertigten Bausatz. In Der Regel werden Hochbeete mit direktem Kontakt zum Gartenboden errichtet. Deshalb ist das Fundament eines Hochbeets von besonderer Bedeutung. Mit einem Fundament an den vier Ecken wird dabei vermieden, dass der Rahmen direkt auf der Erde aufliegt. Wählen Sie hierzu vier Gehwegplatten, Format 30 x 30 cm, oder vier kleinere Platten bzw. Pflastersteine für ein Punktfundament, das in die Erde betoniert wird. Vorteil von kleinen Punktfundamenten ist, dass sie fast nicht zu sehen sind und sehr leicht wieder entfernt werden können, sollten sie irgendwann nicht mehr benötigt werden. Der Aufwand hierzu hält sich in Grenzen.

TIPP

» Bausätze gibt es z. B. im Baumarkt oder über das Internet. Eventuell nötiges Zubehör wie Schrauben, Dübel oder Nägel sind meist im Lieferumfang enthalten. «

ZUBEHÖR

» Der Klassiker sind rechteckige Hochbeete aus Holz, etwa aus unbehandeltem Lärchenholz. Achten Sie darauf, dass ein Wühlmausgitter sowie eine Noppenfolie im Lieferumfang enthalten sind, bzw. kaufen Sie die benötigten Teile zusätzlich im Fachhandel. «

1 Rahmen positionieren

↑ Wählen Sie einen sonnigen, möglichst ebenen Standort für Ihr Hochbeet. Bauen Sie den unteren Rahmen zusammen und stellen Sie ihn an die spätere Hochbeetposition. Mit dem Punktfundament soll eine solide und stabile Basis geschaffen werden, auf der die Rahmenkonstruktion quasi berührungsfrei zum Boden aufgebaut werden kann.

Nehmen Sie den Spaten zur Hand und stechen Sie an jeder Ecke des Hochbeets spatenbreit in die Erde. Die Tiefe sollte dabei einer Spatentiefe entsprechen.

2 Äußere Eckkontur abstechen

FUNDAMENT AUS GEHWEGPLATTEN

Bei den größeren Gehwegplatten montieren Sie ebenfalls den unteren Rahmen des Hochbeets. Achten Sie dabei darauf, dass das Beet im rechten Winkel ist. Rücken Sie dann das Beet an den gewünschten Standort, an dem es stehen soll, und legen Sie jeweils unter jede Ecke eine Platte.

Danach rücken Sie das Beet zur Seite und stechen die innere Eckkontur der Punktfundamente mit dem Spaten ab. Gehen Sie hierbei wie in Schritt 2 vor.

3 Innere Eckkontur abstechen

4 Punktfundament ausheben

Heben Sie nun die Erde mit dem Spaten aus dem Loch heraus. Eine Spatentiefe ist dabei vollkommen ausreichend.

UNEBENHEITEN AUSGLEICHEN

Unebenheiten im Boden lassen sich ausgleichen, indem Sie die Ecken Ihres Hochbeets auf Steinplatten platzieren.

Das Gitter wird durch die Befüllung vom Erdgewicht fest nach unten gedrückt und passt sich so allen Unebenheiten an. So ist einerseits der Erdkörper des Beetes in direktem Kontakt zum Mutterboden, andererseits wird die Holzkonstruktion auf Abstand gehalten.

5 Steinplatten sorgen für Abstand des Rahmens

Füllen Sie in jedes Loch den Fertigbeton trocken als Pulver so weit ein, dass der Beton ca. 2–3 cm unter dem umgebenden Gartenboden liegt. Mit einer Gießkanne und mäßig Wasser kann nun jedes Fundament ein wenig angefeuchtet werden. Es soll so trocken sein, dass Sie den Fundamentstein darauflegen können, ohne dass er einsinkt.

6 Löcher mit Fertigbeton füllen

7 Beetrahmen aufstellen

Richten Sie die Fundamentsteine aus und stellen Sie den Beetrahmen darauf, sodass die Ecken mittig auf den Sockelsteinen stehen. Nun können Sie den Beton mit Erde abdecken. Überprüfen Sie mit einer Wasserwaage, ob das Beet horizontal steht.

Beet mit Holzlattenrahmen

Ist der richtige Standort für das geplante Hochbeet gefunden, kann man sich mit einem Bausatzsystem das Aufstellen der Beetkonstruktion (hier ein Modell von Gartenfrosch) sehr erleichtern. Bei vorgefertigten Hochbeeten sind alle Bauteile bereits fertig vorproduziert und können rasch und problemlos aufgerichtet werden. Achten Sie hierbei auf eine möglichst unkomplizierte Technik. Hochbeete mit Stecksystemen haben den Vorteil, dass sie sich in der Regel ganz oder nahezu ohne Werkzeug aufrichten lassen. Bei diesem Modell sorgt eine Diagonalstange für einen winkelgerechten Aufbau, Fußplatten mit Gewindebolzen dienen dem problemlosen, auch nachträglichen Justieren und Ausrichten und ein integrierter Schlauch ermöglicht später ohne großen Aufwand eine automatische Bewässerung zu installieren.

1 Aufbau vorbereiten

↑ Zu Beginn des Aufbaus des Hochbeets sollten Sie die Vollständigkeit der Bauteile prüfen und alle Teile griffbereit legen. Danach wird die Diagonalverstrebung ausgelegt, und die Eckstäbe werden senkrecht eingedreht.

Beet mit Holzlattenrahmen

MITGELIEFERTES ZUBEHÖR

» Beim System der Firma Gartenfrosch werden alle wichtigen Zubehörteile bereits mitgeliefert. Am Unterholz ist ein Stahlgitter gegen Wühlmausbefall befestigt und am Oberholz verhindert eine Noppenbahn den direkten Kontakt von Erdreich und Holz. «

Danach als Erstes die kurzen Unterhölzer des Rahmens auf die Eckstäbe aufstecken und als Abstandhalter eine Unterlegscheibe auf jeden Stab stecken.

2 Rahmen beginnen

3 Die erste Reihe

Sodann die langen Unterhölzer daraufstecken sowie Distanzstücke für den Abstand. An den unteren Hölzern ist werkseitig bereits Mausschutzgitter befestigt.

Die Seitenteile der kurzen und langen Seiten werden danach im Wechsel aufgesteckt – immer in der derselben Reihenfolge: kurze Hölzer, Beilegescheibe, lange Hölzer, Abstandhalter und danach die nächste Reihe. Bevor die Rahmenkonstruktion zu hoch wird, sollten Sie das restliche Mausschutzgitter über den Gitteranschlüssen auf dem Boden auslegen.

4 Weitere Reihen

5 Oberste Reihe

Die oberste Holzreihe ist mit einem Anschluss für die Noppenbahn ausgestattet. Auch dieser Lattenrahmen wird einfach nur aufgesteckt. Dann wird die Noppenfolie als Feuchtigkeitsschutz an den Seitenwänden angebracht. Abgeschlossen wird der Aufbau durch Aufdrehen der Abschlussmuttern auf die Eckstäbe. Sie dienen zugleich als Befestigungsanker für Aufsätze auf das Hochbeet, wie beispielsweise einen Treibhausaufsatz.

Ist das Hochbeet fertig aufgebaut, kann es schichtweise befüllt werden (siehe ab Seite 66). Wichtig ist dabei eine Füllung mit grobem Material am Boden hin zu immer feinerem Substrat darüber, damit eine optimale Belüftung der Hochbeetfüllung gewährleistet ist.

6 Hochbeet befüllen

Holzhhochbeet selbst bauen

Holzhochbeet selbst bauen

Im Folgenden soll es etwas ausführlicher um den Selbstbau eines einfachen Hochbeets aus Holz mit Eckstehern, die nicht im Boden verankert sind, gehen. Stellen Sie sich das benötigte Material vor Beginn zusammen und legen Sie sich alles griffbereit zurecht. Wenn es der Platz zulässt, bauen Sie das Beet direkt an Ort und Stelle, dann entfällt der Transport des fertigen recht schweren Beetes.

GUT ZU WISSEN: FÜR DEN BODEN BENÖTIGEN SIE FEINMASCHIGES HASEN- BZW. MAUSGITTER. DIES SOLL VERHINDERN, DASS SICH NAGER VON UNTEN IN IHR BEET WÜHLEN UND DIE SCHÖNE GARTENARBEIT ZUNICHTE MACHEN.

TIPP

» Es empfiehlt sich, ein Hochbeet dieser Bauweise an dem Ort aufzubauen, an dem es auch stehen soll, da der Transport des fertigen Beets nicht ganz einfach ist. «

GEWICHTIG

» Hochbeete bringen ein erstaunliches Gewicht auf die Waage. Wenn man beispielsweise ein Hochbeet mit einer Breite von 1,50 m, einer Länge von 3 m und eine Höhe von 1,20 m hat, hat dieses ein Fassungsvermögen von 5.400 l. Befüllt wiegt ein solches Beet deutlich mehr als 5 t! «

1 Rahmen errichten

↑ Hier arbeiten Sie am besten Schicht für Schicht und schrauben die Bretter an den Eckpfosten gut fest. Besondere Sorgfalt müssen Sie dabei bei der untersten Schicht walten lassen. Achten Sie – mittels einer Wasserwaage – darauf, dass die Bretter wirklich gerade an den Pfosten festgeschraubt sind. Wenn Sie hier nicht sorgfältig arbeiten, wird Ihr Beet krumm und schief.

Nach den ersten beiden Bretterschichten – das Hochbeet sollte nun eine Höhe von etwa 50 cm haben – unterbrechen Sie diese Arbeit kurz, um das Mausgitter zu befestigen.

2 Schutz vor Schädlingen

3 Mausgitter befestigen

Schneiden Sie das Mausgitter zunächst mit einem Seitenschneider oder einer Drahtschere auf die passende Größe zu. Achten Sie darauf, das Gitter etwa 20 cm länger und breiter als Ihr Hochbeet zuzuschneiden. So können Sie es an jeder Seite etwa 10 cm hochziehen und so sicherstellen, dass die Nager nicht doch noch einen Weg in Ihr Beet finden. Das Mausgitter befestigen Sie mit Reißnägeln oder Klammern von innen an den Seitenwänden. Hier ist ein elektrisches Klammergerät das ideale Werkzeug.

4 Restliche Bretter anbringen

Wenn das Mausgitter gut befestigt ist, können Sie mit der Montage der restlichen Bretter fortfahren, bis Ihr Beet fertig ist.

MIT FOLIE AUSKLEIDEN

Als letzten Schritt sollten Sie das Beet von innen mit einer Teich- oder Noppenfolie auskleiden. Achten Sie beim Kauf darauf, dass sie keine Weichmacher enthält, die später über die Erde in Ihr Gemüse gelangen könnten. Tackern Sie die Folie an den Ecken gut fest, damit sie beim Befüllen nicht verrutscht. So ist das Holz von innen vor Feuchtigkeit geschützt. Das Hochbeet würde auch ohne Folie funktionieren, aber seine Lebensdauer wäre stark herabgesetzt.

Bausätze mit Stecksystem

Bausätze mit Stecksystem

Einige Hochbeete wie beispielsweise die Produkte der Firma Sedo kommen ganz ohne Metallteile aus. Stattdessen werden die Bretter mithilfe von vorgefertigten Aussparungen ineinandergesteckt und ergeben einen stabilen Rahmen. Schrauben, Streben oder Nägel bedarf es hierbei nicht. Daher kann man beim Aufbau auf Werkzeug verzichten. Ein großer Vorteil dieser Systeme ist, dass die Bretter sich ohne Probleme wieder abbauen und an einem anderen Standort wieder aufbauen lassen. Auch einzelne Bretter können auf diese Weise bei Bedarf ausgewechselt werden. Die Abstände zwischen den Holzelementen sorgen im Beet für zusätzliche Wärme durch Sonneneinstrahlung.

GUT ZU WISSEN: VIELE ANBIETER LIEFERN ZUBEHÖR WIE Z. B. MAUSDRAHT UND FOLIE GLEICH MIT, IDEALERWEISE KÖNNEN AUCH EINZELNE ELEMENTE NACHBESTELLT WERDEN, WENN EIN BRETT KAPUTT GEHT UND AUSGEWECHSELT WERDEN MUSS.

TIPP

» Wählen Sie zum Aufstellen des Hochbeets eine möglichst ebene Grundfläche. «

VORTEILE

» Stecksysteme haben den Vorteil, dass sich einzelne Bretter von oben abheben lassen, z. B. wenn die Erde gewechselt werden soll. «

Markieren Sie am gewünschten Standpunkt die Endpunkte des Beets in den entsprechenden Maßen und setzen Sie stabile Steinplatten an die Stelle der Ecken.

1 Maße bestimmen

2 Nässeschutz

Steinplatten oder Backsteine schützen die unteren Holzlagen vor Nässe. Stecken Sie an den Einkerbungen in den Holzelementen die erste Reihe des Beets als Rahmen ineinander.

Platzieren Sie die Ecken des Rahmens auf den Steinplatten. Vergessen Sie nicht, die erste Reihe mithilfe einer Wasserwaage waagrecht auszurichten.

3 Gerade ausrichten

BODENKONTAKT BEI HOLZ VERMEIDEN

Vermeiden Sie Bodenkontakt von Holzbauteilen, um Feuchtigkeitsschäden und Fäulnis zu verhindern. Als Nässeschutz dient ein Fundament, beispielweise aus Steinplatten oder Backsteinen, auf die der Hochbeetrahmen aufgesetzt wird und somit keinen direkten Kontakt zum Untergrund hat.

Der weitere Aufbau des Hochbeets erfolgt durch wechselweises Ineinanderstecken der Bretter in die vorgefertigten Einkerbungen. So errichten Sie ohne großen Aufwand einen stabilen Holzrahmen vollkommen ohne Werkzeug.

4 Teile ineinanderstecken

5 Wühlmausgitter verlegen

Den Boden des Hochbeets sollten Sie mit einem Wühlmausgitter auslegen, das später das Beet vor dem Befall durch die gefräßigen Nager schützt. Achten Sie darauf, dass es lückenlos befestigt ist.

Das engmaschige Drahtgeflecht sollte auf der gesamten Grundfläche ausgelegt werden, wird an den Seiten einige Zentimeter weit an den Wänden hochgezogen und mit ihnen fest verbunden, damit für die Nager kein Durchkommen ist.

6 Mausgitter befestigen

7 Hölzer zusammenstecken

Die weiteren Reihen des Hochbeets werden auf die in den ersten Schritten beschriebene Weise nach und nach mithilfe der Einkerbungen passgenau zusammengesteckt, die Eckverbindung über Kreuz gewährleistet einen besonders stabilen Stand.

Das Mäusegitter sollte vor allem an den Rändern gut am Boden anliegen und keine Hohlräume bilden. Gegebenenfalls können Sie es mit einigen Schaufeln Erde zusätzlich an den Rändern beschweren, sodass es sich optimal dem Untergrund anpasst.

8 Ränder abdichten

Stecken Sie die einzelnen Bauteile nach und nach bis zur gewünschten Höhe fertig zusammen. Je nach gewünschter Arbeitshöhe sind Steckbausätze sehr flexibel im Zusammenbau.

9 Restliche Seitenteile aufrichten

VERSCHIEDENE VARIANTEN

Hochbeete mit Stecksystemen gibt es in verschiedenen Holzarten, z. B. Douglasie oder Lärche, sowie unterschiedlichen Größen. Einige Vertriebe bieten auch maßgeschneiderte Lösungen an. Sonderanfertigungen sind im Vergleich zu Standardbauteilen jedoch auch teurer.

Kleiden Sie als letzten Schritt die Innenwände des Hochbeets mit Noppen-Dränagefolie aus, damit das Holz später keinen Kontakt zum Füllmaterial hat und trocken bleibt, aber auch damit keine Erde aus dem Beet hinausrieselt.

10 Wände mit Folie auskleiden

11 Folienenden befestigen

Befestigen Sie zum Abschluss die Enden der Folie, damit diese nicht verrutscht und kein Substrat zwischen das Holz und die Folie fällt. Anschließend kann das Beet befüllt werden.

Kräuterspirale aus Stein

Kräuterspirale aus Stein

Runde und geschwungene Formen bei Hochbeeten wie z. B. eine Kräuterspirale lassen sich am besten aus Steinen errichten. Der Bau eines Hochbeets aus Stein stellt Sie allerdings handwerklich vor größere Herausforderungen als bei einem Holzmodell. Auch beim Bau von Stein-Hochbeeten gibt es mehrere Varianten. Zuerst sind hier die verschiedenen Steinarten, wie Mauersteine, Natursteine oder Betonsteine zu unterscheiden, die unterschiedlich zu verarbeiten sind. Vor allem unterscheidet man hier zwischen dem Trockenbau (ohne Mörtel) und Hochbeeten aus gemörtelten Mauern. Die folgende Anleitung bezieht sich auf eine gemörtelte Kräuterspirale. Wählen Sie hierzu eine 2–3 m² große sonnige Fläche.

GUT ZU WISSEN: ALS MATERIAL FÜR GEMÖRTELTE MAUERN EIGNEN SICH NATURSTEIN, ZIEGEL, KLINKER UND AUCH BETONFORMSTEINE.

Markieren Sie die Umrisse eines Kreises mit ca. 2 m Durchmesser mithilfe einer Schnur, Sand oder Kalkstaub. Heben Sie dann zunächst eine etwa 80 cm tiefe Grube aus.

1 Vertiefung ausheben

2 Fundament füllen

Das Fundament sollte aus einer 40–50 cm dicken Schicht Kies oder Schotter bestehen. Füllen Sie damit das Fundament auf. Mit einer Rüttelplatte müssen Sie nun das Fundament noch verdichten.

TIPP

„Da das Material sehr schwer ist, kann es beim Transport durchaus sinnvoll sein, sich die Steine (und gegebenenfalls auch den Mörtel) anliefern zu lassen."

„Steine können Sie in jedem Baumarkt bekommen. Wenn es in Ihrer Nähe einen Steinbruch gibt, fragen Sie dort einmal nach. Auch bei Abbruchhäusern lassen sich bisweilen sehr kostengünstig Steine, die für den Bau geeignet sind, besorgen."

Kräuterspiralen sind nicht nur für Kräuter ein idealer Standort, sie sind zudem auch ein Blickfang im Garten.

Als Nächstes rühren Sie den Mörtel an. Das Verhältnis von Wasser zu Mörtel können Sie dabei der Verpackung entnehmen. Legen Sie die unterste Steinreihe im gewünschten Verlauf auf dem Fundament aus. Achten Sie darauf, dass die Steine nicht wackeln. Liegt die unterste Schicht, beginnen Sie mit dem Mauern.

3 Unterste Reihe

Achten Sie beim Mauern darauf, dass die Fugen versetzt zueinander angeordnet sind. Von Zeit zu Zeit sollten Sie mit einem Lot kontrollieren, ob die Mauer gerade steht. Nachdem der Mörtel getrocknet ist, legen Sie auf dem Boden ein Mausgitter aus und ziehen die Ränder 10 cm hoch.

4 Beet mauern

5 Beet befüllen

Für eine harmonische Spiralform, die sanft ausläuft, mauern Sie jede Steinreihe 50 cm kürzer als die darunterliegende, bis die Spirale in der Mitte ca. 80 cm hoch ist. Zum Schluss befüllen Sie die Kräuterspirale, langsam ansteigend, mit einer Mischung aus Sand, Komposterde und Pflanzerde.

Kunststoff-Hochbeete

Kunststoff-Hochbeete

Praktisch und leicht aufzubauen sind Hochbeete aus Recycling-Kunststoff-Bauteilen wie etwa die Produkte der Firma Juwel (www.gartenallerlei.de). Sie überzeugen durch eine Reihe von Vorteilen. Die Bausätze lassen sich bequem ohne Werkzeug aufbauen und beliebig erweitern, beispielsweise durch einen Frühbeet-Aufsatz oder Schneckenkanten, um die lästigen Plagegeister aus dem Beet zu verbannen. Auch andere Formen, z. B. Kräuterschnecken, lassen sich mithilfe von Kunststoff-Bauteilen verwirklichen.

GUT ZU WISSEN: BEI RASEN ALS UNTERGRUND SOLLTE DER BODEN IN DEN MASSEN DES HOCHBEETS AUSGESTOCHEN UND MIT DEN GRASSODEN NACH UNTEN WIEDER AUFGELEGT WERDEN.

1 Untere Lage

Das Hochbeet sollte möglichst direkten Kontakt zur Erde haben. Packen Sie alle Bauteile aus und sortieren Sie sie je nach gewünschter Form. Verbinden Sie jeweils zwei Bausteine mit einem Verbinder. Bauen Sie so die komplette erste Reihe zusammen (z. B. drei Steine Länge, zwei Steine Breite). Als Schutz vor Nagetieren kann danach ein Gitter aus Draht eingelegt werden.

TIPP

» Achten Sie bei Kunststoffhochbeeten aus Umwelt- und Gesundheitsschutzgründen unbedingt auf lebensmittelechtes Recyclingmaterial. «

» Kunststoff-Hochbeete sind witterungsbeständig, preiswert und leicht. Damit lassen sie sich gut auf- und umbauen sowie versetzen. Durch Erweiterungen können Bausätze individuell zusammengestellt werden, und auch größere Beete jenseits der üblichen Standardmaße lassen sich anlegen. «

Bauen Sie im nächsten Schritt die zweite Reihe des Rahmens auf, stecken Sie die Kunststoffelemente hierzu auf die darunterliegende Reihe und verbinden Sie die Ebenen mit Drehriegeln.

2 Ebenen verbinden

3 Beet stabilisieren

Damit das Hochbeet beim Befüllen seine Form behält, müssen Sie die Wände mit einem Stabilisierungssystem, das in die Bausteine gesteckt wird, verstärken. Auf diese Weise drückt beim Befüllen später die Erde die Wände nicht auseinander.

4 Beet befüllen

Befüllen Sie das Hochbeet nach jeder Reihe bis zu den Alustreben mit Substrat. Zum Abschluss stecken Sie die Abdeckstopfen auf die letzte Reihe, damit die oberste Kante geschlossen ist.

GLEICHMÄSSIG BEFÜLLEN

Achten Sie darauf, das Hochbeet gleichmäßig zu befüllen, da der Rahmen aus Kunststoff nicht so formstabil wie Holz oder Metall ist. Befüllen Sie es zur besseren Stabilisierung erst an den Ecken und danach erst an den Seitenwänden. Die Erde sollte dabei immer auch unter die Alustreben gelangen. Zur Pflege kann das Hochbeet regelmäßig mit einem Gartenschlauch abgespritzt werden.

Pflanzschnecke aus Metall

Pflanzschnecke aus Metall

Kräuterschnecken sind nicht nur aus Stein ein Blickfang im Garten, sondern auch aus Metall, wie besipielsweise mit einer dekorativen und stylischen Edelrostobefläche. Bausätze für Metall-Hochbeete gibt es in unterschiedlichen Materialien und Formen. So gibt es beispielsweise eckige und runde Kräuterschnecken. Entsprechende Produkte bietet z. B. die Firma Gottfried Mayr Metalltechnik an. Die auf dieser Seite vorgestellte Kräuterschnecke hat keinen Boden, sie wird direkt im Garten aufgestellt und hat somit Erdkontakt. Der Bausatz für die im Folgenden gezeigte Pflanzschnecke besteht aus neun Seitenteilen, Eckwinkeln und Schrauben. Das unempfindliche Material ist äußerst langlebig und sehr pflegeleicht.

INFO

» Edelrost schafft eine sehr extravagante, rustikale Optik. Die gängigen Hochbeetmodelle bestehen meist aus Cortenstahlblech mit einer feinen Rostschicht. Edelrost-Hochbeete haben eine lange Lebensdauer und sind recht pflegeleicht. «

GUT ZU WISSEN: METALLHOCHBEETE BENÖTIGEN NICHT UNBEDINGT EINE INNENFOLIE, DA DIE FEUCHTIGKEIT DER ERDE DIE WÄNDE NUR WENIG ANGREIFT. EINE ZUSÄTZLICHE NOPPENFOLIE KANN DENNOCH DIE LEBENSDAUER DES HOCHBEETS ERHÖHEN.

Zu Beginn der Arbeiten empfielt es sich, den Bausatz auf Vollständigkeit zu prüfen. Packen Sie den Bausatz aus und ordnen Sie die Bauteile der Größe nach, sodass sich die schrägen Kanten oben befinden, und gleichen Sie die Teile mit der Aufbauanleitung sorgfältig ab.

1 Teile sortieren

2 Erste Teile verschrauben

Schrauben Sie, beginnend mit dem größten Stück, die größten drei Bauteile an den vorbereiteten Bohrlöchern passgenau zusammen. Achten Sie darauf, dass die Falzkante oben verläuft.

Wenn Sie die Teile nach Anleitung aneinandergeschraubt haben, ist der Metallrahmen für die eckige Pflanzschnecke fertig. Achten Sie darauf, dass alle Verbindungen fest verschraubt sind.

4 Form fertigstellen

Die weiteren Teile werden danach entsprechend ihrer Größe der Reihe nach an das Innere der Pflanzspirale angeschraubt. Durch die abgewinkelten Elemente ergibt sich nach und nach eine Spiralform.

3 Weitere Teile anbauen

5 Aufstellen und befüllen

Nachdem das Pflanzgefäß an seinen endgültigen Standort gebracht wurde, kann es mit Erde gefüllt und bepflanzt werden.

Hochbeete befüllen

TIPP

» Pflanzerde aus Kompostmaterial erhalten Sie in größeren Mengen über Kompostieranlagen oder Wertstoffhöfe. Achten Sie dabei darauf, dass es sich um zertifiziertes Substrat handelt. «

INFO

» Die Dränageschicht erfüllt in erster Linie zwei Zwecke: Durch diese Zwischenräume kann das überschüssige Wasser aus dem Beet abfließen. Außerdem dient die Dränageschicht der Belüftung. Die Bodenlebewesen werden so mit der nötigen Luft versorgt, um ihre Zersetzungstätigkeit ausführen zu können. «

Hochbeete befüllen

Von der richtigen Füllung hängt es entscheidend ab, ob Sie in Ihrem Hochbeet im Laufe des Jahres üppige Ernten erzielen können. Hier hat jeder Hochbeetfreund ein anderes Rezept. Bei der klassischen Befüllung wird das Beet schichtweise von grobem Material wie Ästen und Zweigen nach fein, also Kompost- und Blumenerde, befüllt. Hier die Befüllung eines Gemüsehochbeets.

GUT ZU WISSEN: WENN SIE NICHT SICHER SIND, OB SICH IM SELBST GEMISCHTEN KOMPOST NICHT AUCH UNKRAUTSAMEN BEFINDEN, SCHLIESSEN SIE DIE KOMPOSTSCHICHT EINFACH MIT EIN PAAR ZEITUNGEN AB.

1 Äste und Zweige ganz unten

↑ Die unterste Substratschicht eines Hochbeets sollte eine Höhe von etwa 30 cm aufweisen. Sie besteht aus grob zerkleinerten Pflanzenabfällen wie Ästen, Zweigen oder Reisig. Diese bilden das Tragegerüst des gesamten Aufbaus und sollten entsprechend stabil sein, damit sie nicht vom Gewicht des darüberliegenden Substrats zusammengedrückt werden.

Sie können diese Schicht mit grobem Holz- und Gartenhäckselgut mischen. Bei zu großen Zwischenräumen die Schicht durch Treten etwas verdichten.

2 Dränageschicht verdichten

3 Grünabfälle

Die zweite Schicht besteht aus feinem Grünschnitt und gemischten weichen Gartenabfällen. Auch Laub kann hier verwendet werden. Wenn Sie beim Bau Ihres Hochbeets Grassoden ausgestochen haben, ist nun der richtige Zeitpunkt, sie wiederzuverwenden. Wichtig dabei ist, dass Sie die Soden mit der Grasseite nach unten verarbeiten. Diese Schicht sollte etwa 20 cm dick werden.

4 Grünabfälle komprimieren

Durch Stampfen und Treten das Grünmaterial immer wieder komprimieren. Dabei sollten Sie unbedingt darauf achten, dass Verstrebungen oder Stabilisierungsstangen im Hochbeet nicht beschädigt werden.

FÜLLUNG ERNEUERN

Die Dränageschicht wird im Laufe der Zeit zu Kompost. Bei diesem Prozess entstehen wichtige Nährstoffe und Wärme. Während der Kompostierung der Dränageschicht sinkt das Beet etwas zusammen, besonders im ersten Jahr. Es spricht dann nichts dagegen, das Beet im Herbst oben wieder aufzufüllen. Nach etwa sechs bis zehn Jahren wird es dann aber nötig, die Befüllung zu erneuern oder das Beet zumindest oben mit einem Erde-Kompost-Gemisch aufzufüllen.

TERRASSEN ODER BALKONE

Bei Hochbeeten auf Terrassen oder Balkonen ist es ratsam, Regenwürmer bzw. Kompostwürmer einzusetzen.

Eine dicke Lage Grünabfälle bildet die Voraussetzung dafür, dass die Verrottungsprozesse in Ihrem Hochbeet in Gang kommen. Diese Schichtung der Substrate trägt zur Wärmebildung im Hochbeet bei.

5 Schichtaufbau

Als nächste Schicht, die ca. 20 cm stark werden sollte, mischen Sie Gartenerde mit unreifem, grobem Kompost. Dies ist entscheidend, damit die Verrottung in den Schichten darunter beginnt.

6 Grober Kompost

7 Kompost verteilen

Verteilen Sie den Kompost auf den Grünabfällen. Mischen Sie für die letzte Schicht gesiebte Muttererde und Feinkompost im Verhältnis 1:1.

Die Schicht sollte 20–30 cm dick sein. Je höher die Qualität der Humusschicht ist, desto besser werden Ihre Pflanzen gedeihen. Nachdem Sie alle Schichten angelegt haben, harken Sie die Oberfläche eben und glatt.

8 Muttererde und Feinkompost

9 Gießen

Vor dem Bepflanzen sollten Sie das Beet mehrmals gut gießen, damit ausreichend Feuchtigkeit für die Zersetzungsprozesse vorhanden ist.

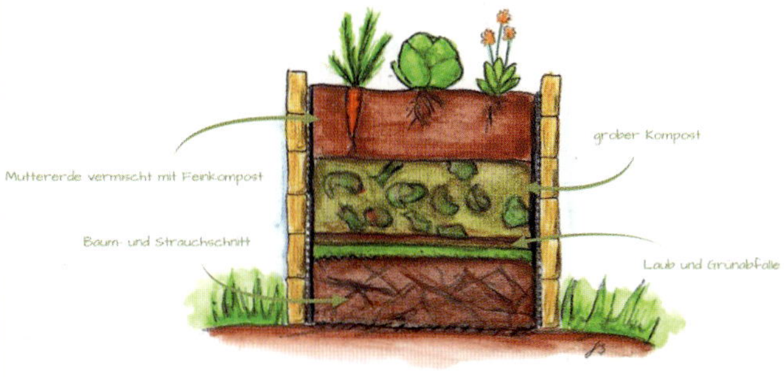

10 Idealer Querschnitt

Der Querschnitt oben im Bild zeigt den idealen Aufbau eines Hochbeets mit den unterschiedlichen Materialien in den einzelnen Schichten nochmals übersichtlich in einer Grafik.

DIE RICHTIGE ZEIT ZUM BEFÜLLEN

Es empfiehlt sich, ein Hochbeet im Herbst oder im zeitigen Frühjahr zu befüllen und dann noch einige Zeit mit der Bepflanzung abzuwarten. Sollte sich in dieser Zeit das Beet bereits senken, können Sie einfach noch etwas neue Humusschicht auffüllen.

Alternative Befüllung

Die im Folgenden vorgestellte alternative Methode verzichtet auf eine schichtweise Befüllung mit unterschiedlichem Material. Dennoch ist die Erde hierbei locker und luftig, vor allem, wenn die Krume regelmäßig gemulcht wird. Allerdings ist die Bioaktivität hierbei geringer als bei der klassischen Variante mit ihren unterschiedlichen Materialien wie Geäst oder Grünabfällen.

GUT ZU WISSEN: DIE TATSACHE, DASS DER ERNTEERTRAG BEI DER ALTERNATIVEN BEFÜLLUNG EBENSO ÜPPIG AUSFÄLLT WIE BEI DER KLASSISCHEN FÜLLUNG, BEWEIST, DASS DIE BEFÜLLUNG DES HOCHBEETS NICHT DER EINZIGE SCHLÜSSEL ZUM ERFOLG IST.

INFO

» Die alternative Befüllung hat den Vorteil, dass es hierbei zu keiner starken Setzung des Beetinhalts kommt und sich der Befüllungsaufwand in Grenzen hält. «

1 Schichtholz

↑ Die erste Schicht bilden bei dieser Füllmethode für Hochbeete aufrecht gestellte Holzscheite, z. B. aus Fichtenholz. Zu seiner Verrottung benötigt das Holz viele Jahre. So ist ein nochmaliges Befüllen überflüssig und es verhindert ein Setzen des Substrats. Die Düngung des Beets erfolgt mithilfe von Kompost aus dem Komposthaufen.

RAUM FÜR REGENWÜRMER

In den Grenzbereichen zwischen Holzscheiten und Erde legen Regenwürmer mit Vorliebe ihre Gelege ab.

2 Pflanzerde

Es folgt eine Schicht strukturbeständiger Pflanzerde. Unter strukturbeständiger Pflanzerde versteht man Erde, die sich nicht von selbst verdichtet. Vor allem bei Freilanderden oder Mutterboden mit einem hohen Lehmanteil kann dies der Fall sein. Die Erde wird mit dem Gartenschlauch in die Hohlräume zwischen den Holzscheiten eingeschwemmt.

GUT ZU WISSEN: DURCH DAS EINSCHWEMMEN DER ERDE IN DIE HOHLRÄUME VERBINDET SICH DIE BEETFÜLLUNG MIT DEM MUTTERBODEN, UND REGENWÜRMER UND AUCH KLEINLEBEWESEN KÖNNEN GUT INS HOCHBEET AUFSTEIGEN.

3 Mit Erde auffüllen

Ist das Einschlemmen der Erde abgeschlossen, d. h., alle Zwischenräume der Holzscheite sind mit Erde aufgefüllt, wird das Beet zuletzt vollständig mit einer dicken Schicht Pflanzerde aufgefüllt.

Hochbeet für Blumen befüllen

Hochbeet für Blumen befüllen

Auch Blumen gedeihen unter den vorteilhaften Bedingungen im Hochbeet hervorragend. Da Zierpflanzen, dauerhafte Blütenstauden, kleine Gehölze, aber auch Kräuter weniger Nährstoffe zum Wachsen benötigen, sieht hier der Schichtaufbau ein wenig anders aus als beim Gemüse-Hochbeet. Hilfreich ist, wenn Sie sich im Vorfeld schon überlegen, welche Blumen Sie pflanzen möchten.

GUT ZU WISSEN: GÄRTNERVLIES VERHINDERT, DASS DIE ERDE AUS DEN DARÜBERLIEGENDEN SCHICHTEN MIT DEM GIESSWASSER IN DIE DRÄNAGESCHICHT GESPÜLT WIRD. DENN DIES WÜRDE DIESE SCHICHT VERSTOPFEN UND IHREM BEET SCHADEN.

TIPP

„Im Vergleich zu Gemüsehochbeeten können Zierpflanzenhochbeete etwas niedriger ausfallen. So können Sie z. B. auch einen nicht mehr genutzten Sandkasten in ein Zierpflanzenbeet verwandeln."

INFO

„Bei einem Blumenhochbeet findet keine Verrottung statt und die Befüllung sinkt nicht in sich zusammen. Dennoch ist der Nährstoffgehalt des Bodens nach fünf bis sieben Jahren erschöpft, und Sie müssen das Beet neu anlegen."

1 Dränageschicht

↑ Eine etwa 30 cm dicke Dränageschicht bildet das Fundament eines Blumenhochbeets. Diese Dränageschicht besteht in der Regel aus einer Mischung aus grobem Schotter, Kies und Steinen.

Den oberen Abschluss der Dränageschicht im Hochbeet bildet ein Gärtnervlies. Schneiden Sie das Gewebe in der entsprechenden Größe zu und verlegen Sie es im Beet.

2 Gärtnervlies

3 Grüne Zwischenschicht

Auf das Gärtnervlies können Sie die beim Bau des Hochbeets ausgestochenen Grassoden legen. Achten Sie darauf, dass die Grasseite nach unten zeigt. Alternativ können Sie auch feinen Grünschnitt und gemischte weiche Gartenabfälle verwenden. Auch Laub erfüllt hier durchaus seinen Zweck. Die grüne Zwischenschicht sollte eine Dicke von 20–30 cm haben. Darauf kommt dann eine Schicht aus Pflanzerde.

4 Substratschicht verteilen

Die letzten 30 cm im Blumenhochbeet sollte eine Substratschicht aus Pflanzerde bilden. Diese ist je nach Ansprüchen der später darin wachsenden Pflanzen auszuwählen.

KOKOSERDE

Bei der Substratschicht hängt das Material bzw. die Mischung davon ab, welche Pflanzen Sie anpflanzen möchten. In den meisten Gartencentern können Sie Kokoserde bekommen. Sie ist meistens in Form von gepressten Briketts erhältlich. Diese Erde hat den Vorteil, besonders viel Wasser speichern zu können. Ideal für fast alle Pflanzen ist eine Mischung aus Kokoserde, Blumenerde und etwas Sand. Kräuter benötigen hingegen eine eher nährstoffarme Erde.

BEPFLANZUNG UND PFLEGE

Blumen und Gemüse

Die Idee, Pflanzen in Hochbeeten zu kultivieren, ist – wie Sie bereits in der Einleitung erfahren haben – nicht neu. Der ursprüngliche Gedanke war dabei auch, den Ertrag von Nutzpflanzen auf diese Weise zu erhöhen. Mehr Wärme und die Nährstoffe, die durch die Zersetzungsprozesse entstehen, sollten den angebauten Pflanzen nahezu paradiesische Wachstumsbedingungen schaffen. Dieses Kalkül ist aufgegangen, und auch heute noch stellen Gemüse und Co. die wichtigsten Bepflanzungen von Hochbeeten dar.

Da es hier einiges zu beachten gibt, wenn Sie dauerhaft gute Ernteerfolge erzielen möchten, wird es in diesem Kapitel hauptsächlich um die Auswahl des richtigen Gemüses zur richtigen Zeit gehen. Zudem erhalten Sie nützliche Informationen zu ausgewählten Gemüsesorten und deren Pflege sowie zur Schädlingsbekämpfung. Es muss aber nicht immer Gemüse sein. Vor allem dort, wo Hochbeete als gestalterische Elemente eingesetzt werden, werden sie mit blühenden Blumen bepflanzt. Im Laufe dieses Kapitels werden Sie hierzu einige nützliche Informationen sowie gestalterische Tipps finden.

WIE VIELE PFLANZEN KANN ICH VERWENDEN?

Wie dicht Sie die Pflanzen auf Ihr Hochbeet setzen können, hängt – ähnlich wie bei einem Freibeet – ganz von den jeweiligen Pflanzen ab. Während Auberginen beispielsweise recht viel Platz benötigen (der Abstand sollte etwa 50 cm betragen), sieht das bei Karotten wiederum ganz anders aus. Hier kann alle 5 cm eine Pflanze stehen. Für einige der Pflanzen finden Sie im dritten Kapitel detaillierte Informationen über die optimale Pflanzdichte. Wenn Sie sich darüber hinaus nicht sicher sind, finden Sie auf den Tütchen mit dem Saatgut entsprechende Hinweise. Beim Kauf von Pflänzchen können Ihnen auch die Mitarbeiter im Gartencenter entsprechende Auskünfte geben.

Auch Blumen brauchen Platz, um gut gedeihen zu können. Hier sollten Sie Stauden auf jeden Fall mehr Raum geben als kleinen blühenden Pflänzchen. Je ausladender eine Pflanze rankt, desto mehr Platz braucht sie auch. Sie erkennen recht einfach, wenn Sie die Pflanzen zu dicht gesetzt haben. Dann nämlich sind sie in ihrem Wachstum beschränkt und sehen unter Umständen recht kümmerlich aus. Auch die Blüte stellt sich dann nicht unbedingt in dem gewünschten Maß ein oder bleibt gar ganz aus. Stehen die Pflanzen wirklich einmal zu eng, bleiben Ihnen noch immer Möglichkeiten, das zu korrigieren, indem Sie die Bepflanzung im Beet entsprechend ausdünnen und einzelne Pflänzchen in ein anderes Beet setzen.

WIE SOLLTE ICH DIE PFLANZEN ANORDNEN?

Eine Faustformel lautet hier: Pflanzen Sie hohe Pflanzen in die Mitte des Beetes, kleine Pflanzen gehören eher an den Rand. Es gibt aber noch weitere Dinge, auf die Sie achten sollten. Hohe Pflanzen werfen Schatten. Sie sollten sie also nicht so anordnen, dass sie sonnenhungrigen kleineren Pflanzen im Licht stehen. Wichtig ist es natürlich auch, dass die Pflanzen, die Sie in Mischkulturen nebeneinandersetzen, sich auch wirklich „leiden" können. Es gibt nämlich Pflanzen, die sich gegenseitig im Wachstum behindern und umgekehrt. Detaillierte Informationen darüber, wie Sie eine Mischkultur richtig planen, erhalten Sie in diesem Kapitel. Einige Pflanzen tragen dazu bei, Schädlinge zu vertreiben. Geschicktes Pflanzen ermöglicht es Ihnen dann, gute Erträge zu erzielen. Im weiteren Verlauf dieses Kapitels erfahren Sie noch mehr zu diesem Thema.

WANN IST DIE BESTE PFLANZZEIT?

Da ein Hochbeet durch die Verrottungsprozesse Wärme erzeugt und es zudem wegen der Höhe ein wärmerer Ort ist als ein Freibeet, kann hier die Saison ein wenig früher beginnen. Viele Pflanzen können Sie schon ins Beet bringen, sobald der Boden nicht mehr gefroren ist. Bei besonders empfindlichen Pflanzen (siehe dazu auch die Auflistung im dritten Kapitel) empfiehlt es sich jedoch, die „Eisheiligen" Mitte Mai abzuwarten.

WAS PASSIERT MIT DEM HOCHBEET IM WINTER?

Gegenüber herkömmlichen Beeten bietet ein Hochbeet den Vorteil, dass Sie hier auch noch säen und ernten können, wenn der restliche Garten schon lange im Winterschlaf liegt. Das gilt insbesondere, wenn Sie das Beet in der kälteren Jahreszeit mit einem Folientunnel abdecken. Dieser wirkt dann als Wärmespeicher und ermöglicht es Ihnen, robustere Pflanzen bis in den Januar hinein anzubauen und zu ernten. Achten Sie dabei jedoch darauf,

dass der Tunnel tagsüber an den Seiten offen ist, damit sich keine unerwünschten Pilzkulturen in Ihrem Beet ausbreiten.

Die Zeit, in der kein Anbau stattfindet, können Sie dazu nutzen, das Beet wieder mit frischem Kompost aufzufüllen, damit Sie im Frühjahr sofort wieder den Gartenfreuden frönen können. Nutzen Sie diese Zeit doch auch, um die nächste Gemüsesaison mit ihren Mischkulturen zu planen. Für ein Blumen-Hochbeet gilt natürlich, dass der Herbst die ideale Zeit ist, um Blumenzwiebeln in die Erde zu setzen.

HOCHBEETE ALS KÜHLSCHRANK

Was macht man nun mit dem vielen Gemüse, das einem der Anbau im Hochbeet eingebracht hat? Einkochen stellt eine mögliche Variante dar. Aber das ist nicht jedermanns Sache. Wie wäre es, wenn Sie auch hier Ihr Hochbeet nutzen könnten? Machen Sie aus dem Beet im Winter einfach einen Erdkeller!

Das geht ganz einfach so: Tragen Sie zunächst die oberen etwa 40 Zentimeter des Hochbeetes ab. Dann füllen Sie eine Lage Stroh als Polster für das Gemüse ein. Mischen Sie etwas von dem Aushub mit Sand und decken Sie mit dieser Mischung das Stroh ab. Nun können Sie hier ihr Gemüse – ruhig auch in mehreren Schichten – lagern. Legen Sie dabei das Gemüse so dicht wie möglich und decken Sie jede einzelne Schicht mit Laub ab. Als Abschluss folgt dann eine Erdschicht, und fertig ist Ihr Erdkeller.

Achten Sie aber darauf, nur wirklich einwandfreies Gemüse auf diese Weise einzulagern. Dann werden Sie auch noch nach langer Zeit Freude an Ihren Erzeugnissen haben.

SECHS JAHRE FREUDE – UND DANN?

Wie Sie mittlerweile wissen, können Sie etwa sechs Jahre lang von allen Vorteilen des Hochbeets profitieren. Aber wie geht es danach weiter? Nach etwa sechs Jahren kommt die Nahrstoffproduktion in Ihrem Hochbeet langsam zum Erliegen. Sollte der Ertrag aber noch immer gut sein, können und sollten Sie das Hochbeet auch weiterhin nutzen. Sie haben nun mehrere Möglichkeiten, mit dem Gärtnern fortzufahren.

Wenn Sie das Beet auch nach der ertragreichen Zeit nutzen, sollten Sie es nun wie ein ganz „normales" Beet behandeln.

DER RICHTIGE ZEITPUNKT:

Ein Hochbeet legt man am besten im Spätherbst an. Zu dieser Jahreszeit fällt im Garten genügend organisches Schnittmaterial an, mit dem das Hochbeet befüllt werden kann.

Wenn Sie sich etwas mehr Arbeit machen möchten, entfernen Sie die Erde aus Ihrem Hochbeet (Sie können sie beispielsweise sehr gut als Kompostdüngung auf Ihren herkömmlichen Beeten verwenden) und bauen Sie das Beet – wie im zweiten Kapitel ausführlich beschrieben – neu auf. Die Dränageschicht muss dabei nicht unbedingt neu aufgefüllt werden. Sollte sie jedoch schon stark verrottet sein, gehen Sie auf Nummer sicher und erneuern Sie auch diese.

Die Fruchtfolge

Die Fruchtfolge

Wenn Sie mit Ihrem Hochbeet besonders gute Ernteerfolge erzielen möchten, sollten Sie sich vor der Bepflanzung ein paar Gedanken über die Fruchtfolge, also die Reihenfolge, in der Sie bestimmte Pflanzen anbauen, machen. Ein solcher Plan erstreckt sich über mehrere Jahre und sorgt dafür, dass Sie immer genau die Pflanzen anbauen, denen das Beet im jeweiligen Jahr die besten Wachstumsbedingungen liefern kann.

AUF DIE RICHTIGE REIHENFOLGE KOMMT ES AN

Der Hintergrund ist dabei dieser: Ein richtig geschichtetes Hochbeet produziert vor allem in den ersten Jahren sehr viele Nährstoffe. Hier ist insbesondere der Stickstoffvorrat im Boden zu nennen, der bei einem Hochbeet wesentlich höher liegt als bei ungedüngter Gartenerde. Stickstoff ist ein Nährstoff, den alle Pflanzen für ein gutes Wachstum brauchen. Natürlich verringert sich im Laufe der Jahre der Nährstoffgehalt im Boden auch bei einem Hochbeet. Die Fruchtfolge ergibt sich nun aus der Menge der bereitgestellten Nährstoffe.

STARKZEHRER MACHEN DEN ANFANG

In den ersten beiden Jahren weist der Boden Ihres Hochbeetes einen besonders hohen Stickstoffgehalt auf. Da liegt es nahe, in diesem Zeitraum Pflanzen anzubauen, die für ihr Wachstum besonders viel Stickstoff benötigen. Solche Pflanzen werden im Fachjargon auch als Starkzehrer bezeichnet. Verschiedene Kohlsorten, Kartoffeln und Tomaten zählt man zu den Starkzehrern.

ES FOLGEN DIE MITTELZEHRER

Wenn sich der Stickstoffgehalt des Bodens ein wenig verringert hat, schlägt die Stunde der sogenannten Mittelzehrer. Zu ihnen zählen u. a. Erdbeeren, Möhren und Kohlrabi (weitere Mittelzehrer können Sie der Tabelle auf Seite 85 entnehmen). Das dritte und vierte Jahr im Anbauzyklus des Hochbeets sollte diesen Pflanzen vorbehalten sein, die einen mittleren Bedarf an Nährstoffen haben.

SCHWACHZEHRER BILDEN DEN ABSCHLUSS

Genügsame Pflanzensorten, die für ihr Wachstum nur wenig Stickstoff benötigen, werden als Schwachzehrer bezeichnet. Salate sind hierfür ein gutes Beispiel. Bei vielen Schwachzehrern ist es übrigens so, dass ein Zuviel an Stickstoff nicht gut ist. Wächst Salat beispielsweise in einem Boden, der sehr viel von diesem Nährstoff enthält, wird der überflüssige Stickstoff in Form von Nitraten in den Blättern gespeichert. Beim Verzehr dieses Salats bilden sich dann im menschlichen Körper gesundheitsschädliche Nitrosamine. Auch dies stellt einen Grund für die sorgfältige Planung der Fruchtfolge dar. Für gewöhnlich werden Sie noch viele Jahre Freude an Ihrem Hochbeet haben, wenn Sie damit beginnen müssen, Schwachzehrer anzubauen.

TIPP

» Wenn das Hochbeet jährlich mit frischem Kompost aufgefüllt wird, müssen Sie die Fruchtfolge nicht beachten. Allerdings können Sie dann nur Starkzehrer anbauen. Sie können Ihr Hochbeet aber auch in verschiedene Abschnitte teilen und in einem Teil jährlich frische Komposterde auffüllen und den anderen nicht auffrischen. So können Sie Stark- und Schwachzehrer gleichzeitig anbauen. «

Tomaten haben als Starkzehrer einen hohen Nährstoffbedarf und benötigen auch während des Wachstums einen gut gedüngten Boden (z. B. mit Kompost oder Brennesseljauche).

1 Tomaten

2 Paprika

Paprikapflanzen sind ebenfalls Starkzehrer und sollten nicht im Wechsel mit anderen Nachtschattengewächsen wie z. B. Tomaten oder Auberginen kultiviert werden, sonst sind keine hohen Erträge zu erzielen.

3 Brokkoli

Bei Brokkoli ist in der Fruchtfolge ein Abstand von mindestens drei Jahren zu allen anderen Kreuzblütlern (Gemüsekohl) einzuhalten.

ERSTES UND ZWEITES JAHR

In diesen beiden Jahren, die den Starkzehrern vorbehalten sind, können Sie z. B. Tomaten, Brokkoli, Paprika, Zucchini und Gurken anbauen. Bei kleineren Hochbeeten werden Sie nicht alle Sorten gleichzeitig unterbringen können. Dann treffen Sie einfach eine Auswahl. Es empfiehlt sich, vor der zweiten Aussaat das Beet mit Kompost aufzufüllen und den Kompost vorsichtig einzuarbeiten. Damit gleichen Sie die abgesackte Höhe wieder aus und der Kompost wirkt als natürlicher Dünger. Im zweiten Jahr kann bereits eine Kombination aus Starkzehrern und Mittelzehrern angebaut werden.

WICHTIG

Arten aus einer Pflanzenfamilie sollten erst nach drei bis vier Jahren an gleicher Stelle angepflanzt werden.

Rote Bete, das Nitrat anreichernde Gemüse, sollte erst ab dem dritten und vierten Jahr angebaut werden.

1 Rote Bete

SCHON GEWUSST?

Bei der Bepflanzung im dritten Jahr können Sie z. B. in der Mitte Kohlrabi, in der ersten Reihe Möhren, in der zweiten Reihe Rettiche und in der dritten Reihe Erdbeeren anpflanzen.

2 Fenchel

Der ideale Pflanzabstand für Knollenfenchel beträgt ca. 30 bis 40 cm. Gemeinsam mit Salat angepflanzt, kann der Salat bereits geerntet werden, wenn die Fenchelpflänzchen beginnen, größer zu werden.

Mangold ist für etwas Kompost am Anfang der Kultur dankbar. Achten Sie auch bei Mangold darauf, nicht zu viel Stickstoffdünger zuzugeben, da sich sonst Nitrat in der Pflanze anreichert.

3 Mangold

4 Möhren

In einem durchschnittlichen Hochbeet können fünf Reihen Möhren angepflanzt werden. Zur Nachkultur eignen sich z. B. Bohnen. Möhren gehören zu den Doldenblütlern. Die entsprechenden Anbaupausen betreffen auch andere Pflanzen aus derselben Familie wie z. B. Sellerie, Petersilie oder Fenchel.

Die eigentlich zweijährigen Pflanzen werden als Salat nur einjährig kultiviert. Diese Mittelzehrer können noch im Sommer gesät werden.

5 Endivien

6 Erdbeeren

Als Mittelzehrer haben Erdbeeren einen mittleren Stickstoffbedarf und eignen sich zum Anbau für das dritte und vierte Jahr im Hochbeet.

7 Kohlrabi

Die ersten vorgezogenen Kohlrabipflänzchen können Sie Mitte April ins Beet setzen. Ein Abstand von 30 cm fördert das Wachstum. Schwachzehrer wie z. B. Bohnen eignen sich für die Folgebepflanzung.

DRITTES UND VIERTES JAHR

Nun kommt die Zeit der Mittelzehrer: Rote Bete, Möhren, Endivien, Kohlrabi und Erdbeeren. Nach dem dritten Jahr sollten Sie auf jeden Fall wieder frischen Kompost in das Beet einarbeiten. Im vierten Jahr ist es auch möglich, bereits einige Schwachzehrer zu pflanzen. Das bietet sich vor allem dann an, wenn Sie den Eindruck haben, dass die Mittlezehrer nicht mehr ganz so gut gedeihen, wie Sie sich das wünschen.

Bohnen benötigen keinen bzw. kaum Dünger, da sie mit stickstoffbindenden Bakterien in Symbiose leben.

1 Buschbohnen

3 Salat und Zwiebeln

Die verschiedenen Blattsalate und Zwiebeln zählen beide zu den Schwachzehrern und eignen sich gut für eine Mischkultur, die ab dem fünften Jahr im Hochbeet angebaut werden kann.

2 Kräuter

Die Schwachzehrer liefern ab dem fünften Hochbeetjahr die passenden Aromen für die Küche.

AB DEM FÜNFTEN JAHR

Ab dem fünften Jahr kommen dann die Schwachzehrer zum Zuge. Nun beginnt auch die Hochzeit für den Salat auf Ihrem Hochbeet. Die Gemüseauswahl in Ihrem Beet könnte dann so aussehen:

- Buschbohnen
- diverse Salate
- Kräuter

Die Fruchtfolge richtig planen

Wenn Sie die Bepflanzung Ihres Hochbeets planen, überlegen Sie sich, welche Pflanzensorten Sie in Ihrem Hochbeet anbauen möchten. Notieren Sie die einzelnen Sorten und schreiben Sie jeweils dazu, zu welcher Kategorie die Pflanze zählt, d. h., ob es sich dabei um einen Stark-, Mittel- oder Schwachzehrer handelt. Die unten stehende Tabelle gibt dabei Aufschluss über die gängigsten Gemüsearten.

Denken Sie auch darüber nach, welche Pflanzen in einer Mischkultur zusammenpassen und welche besser nicht in einer Mischkultur stehen sollten (siehe folgendes Kapitel). Auf der Grundlage dieser beiden Überlegungen können Sie einen Plan erstellen, welche Sorten Sie in den einzelnen Jahren anbauen. Je nach Befüllung, Standort und Witterung können Sie Ihr Hochbeet ca. sechs bis zehn Jahre nutzen. Wie Sie sehen, gibt es von jeder Sorte eine reiche Auswahl, sodass Sie zu keiner Zeit auf eine abwechslungsreiche Ernte verzichten müssen.

Starkzehrer	Mittelzehrer	Schwachzehrer
Auberginen	Endivien	Buschbohnen
Chinakohl	Erdbeeren	Erbsen
Gurken	Knollenfenchel	Feldsalat
Kartoffeln	Kohlrabi	Knoblauch
Rotkohl, Weißkohl, Blumenkohl, Rosenkohl, Grünkohl, Wirsing	Mangold	Kopfsalat, Eissalat, Römersalat, Eichblattsalat, Bataviasalat, Rucola
Kürbis	Möhren	Kräuter (insbesondere Petersilie, Schnittlauch, Basilikum, Dill, Kerbel)
Lauch	Radicchio	Radieschen
Paprika	Rettich	Spinat
Sellerie	Rote Bete	Stangenbohnen
Tomaten	Schwarzwurzeln	Zwiebeln
Zucchini	Zuckerhut	

Mischkulturen

TIPP

» Blumen und Kräuter sorgen in Gemüsebeeten nicht nur für einen Blickfang, sie locken auch nützliche Bienen an. Ideal sind essbare Blumen wie z. B. Kapuzinerkresse oder Stiefmütterchen, die optische Farbtupfer in einen leckeren Gartensalat bringen. «

WICHTIG

» Als grobe Faustregel gilt, ähnlich wie bei der Fruchtfolge: Gehören Pflanzen zur gleichen Familie, vertragen sie sich nicht gut miteinander. Sind die Pflanzen hingegen nicht oder nur weitläufig verwandt, können sie gut zusammengepflanzt werden. «

Mischkulturen

Ebenso wie Menschen fühlen sich auch Pflanzen mit den richtigen Nachbarn einfach wohler. Das Prinzip der Mischkultur stammt aus dem biologischen Pflanzenbau. Im Lauf der Zeit haben Erfahrungswerte ergeben, welche Pflanzenarten sich gegenseitig fördern und welche sich im Wachstum behindern. Um dies beim Anbau besser planen zu können, gibt es inzwischen Tabellen, die über diese Wechselwirkungen Aufschluss geben.

Wenn Sie in Ihrem Hochbeet gleichzeitig mehrere verschiedene Gemüsesorten anbauen, nennt man das eine Mischkultur. Aber warum sollten Sie so etwas machen? Die Antwort ist ganz einfach: Weil es die Natur eigentlich so vorgesehen hat. In der Natur werden Sie keine Monokulturen (also große Felder, auf denen ausschließlich eine Pflanzenart wächst und gedeiht) finden. Diese Anbauweise hat erst der Mensch erfunden.

Der Vorteil einer Mischkultur liegt darin, dass sich viele Gemüsesorten gegenseitig in ihrem Wachstum fördern und vor Schädlingen und Krankheiten schützen. Beispielsweise vertreibt der kräftige Zwiebelduft die schädlichen Möhrenfliegen und Bohnenkraut hält die Schwarzen Bohnenläuse von den Buschbohnen fern. Auch Erdbeeren und Knoblauch mögen sich.

Allerdings können Sie das Gemüse nicht einfach so miteinander mischen, denn es gibt auch Pflanzen, die sich ganz und gar nicht mögen. So sollten z. B. Tomaten und Kartoffeln bzw. Tomaten und Möhren niemals in einer Mischkultur stehen. Auch Erbsen und Zwiebeln sind sich „nicht grün". Stellt man solche Gemüse gemeinsam in eine Mischkultur, werden die Pflanzen vor sich hin kümmern und keinen nennenswerten Ertrag bringen – wenn überhaupt.

Der Grund liegt darin, dass die verschiedenen Pflanzen natürlich auch unterschiedliche Nährstoffzusammensetzungen und -konzentrationen benötigen. Außerdem nehmen die Pflanzen durch ihre Wurzeln nicht nur Nährstoffe auf, sondern scheiden auch spezifische Stoffe wieder aus. Und diese „Ausscheidungen" können anderen Pflanzen unter Umständen schaden.

Neben Pflanzen, die sich mögen und solchen, die man nicht zusammen pflanzen sollte, gibt es noch eine dritte Gruppe: Pflanzen, die anderen Gewächsen neutral gegenüberstehen. Wenn Sie solche Pflanzen in einer Mischkultur anbauen, werden sie sich gegenseitig nicht stören – allerdings werden sie sich auch nicht gegenseitig in ihrem Wachstum positiv beeinflussen. Wenn Sie einen guten Ertrag mit Ihrem Hochbeet erreichen möchten, empfiehlt es sich, eine Mischkultur anzulegen. Unabhängig davon müssen Sie jedoch trotzdem die weiter oben beschriebene Fruchtfolge beachten. Sie merken also bereits, dass nicht nur beim Bau des Hochbeets eine genaue Planung von Vorteil ist, auch bei der Bepflanzung hilft Ihnen ein gutes Konzept dabei, die Freude zu steigern.

STÄRKUNG UND KRÄFTIGUNG

Der Anbau von Gemüse in Mischkultur hat viele Vorteile.

Neben den Vorteilen für die Gesundheit und das Gedeihen der Pflanzen wirken Mischkulturen auch schöner als gleichförmige Reihen.

1 Blickfang

2 Kohlpflanzen

Verschiedene Kohlarten sollten Sie nie miteinander bzw. mit dem entsprechenden Abstand zwischen anpflanzen, da sie um die gleichen Nährstoffe konkurrieren.

Probieren Sie empfohlene Pflanzenkombinationen am besten selbst aus und beobachten Sie, wie sich die Pflanzen gegenseitig ergänzen und den Schädlingsbefall reduzieren.

3 Kombinationen ausprobieren

4 Tief- und Flachwurzler

Vorteilhaft ist es, Tiefwurzler und Flachwurzler in einer Mischkultur zu kombinieren, so werden alle Bereiche der Nährstoffverteilung und die Höhe des Hochbeets ideal ausgenutzt.

Wichtig ist ein ausreichender Pflanzabstand, sonst konkurrieren die besten Nachbarn um Nährstoffe, Licht oder Wasser.

5 Pflanzabstände

6 Gesellige Pflanzen

Mangold und Salate sowie Kartoffeln und verschiedene Kohlarten können gut zusammengepflanzt werden.

7 Tomaten

Gute Nachbarn für Tomaten sind z. B. Buschbohnen, Kohl, Kohlrabi oder Knoblauch.

SCHON GEWUSST?
Zusammenfassend lassen sich die Vorteile einer Mischkultur so beschreiben: geringere Krankheitsanfälligkeit und Schädlingsbefall, vielseitige Nutzung eines Beetes, optische Bereicherung des Gartens, gute Bodenschattierung und Förderung der Bodengare, d. h. gute, krümelige Bodenstruktur.

8 Wuchshöhe

Bei der Bepflanzung mit Mischkulturen im Hochbeet gilt grundsätzlich, dass große Pflanzen in die Mitte und kleine am Rand gepflanzt werden sollten, so nehmen sich diePflanzen nicht gegenseitig das Licht.

Kopfsalat verträgt sich z. B. mit verschiedenen Kohlsorten, Zwiebeln, Lauchzwiebeln, Dill, Schalotten und anderen Salatsorten wie Endivien oder Radicchio.

9 Salat

10 Verschiedene Anbauweisen

Mögliche Anordnungen für verschiednene Gemüsesorten in Mischkulturen können in abwechselnden Reihen, innerhalb von Reihen oder bunt gemischt sein.

KOMBINATIONEN

Um Ihnen die Planung einer Mischkultur zu erleichtern, finden Sie in der Tabelle auf der folgenden Doppelseite eine Aufstellung darüber, welche Pflanzen die Nachbarschaft welcher anderen Pflanzen genießen bzw. welche Pflanzen nicht gemeinsam in einer Mischkultur gezogen werden sollten. Kombinationen, die in der Tabelle nicht aufgeführt sind, stellen neutrale Verbindungen dar, d. h. die Pflanzen haben nichts gegeneinander, profitieren aber auch nicht voneinander.

Auf den richtigen Partner kommt es an (1)

Pflanze	Günstige Kombination mit	Ungünstige Kombination mit
Gurken	Kohlgewächse, Knollenfenchel, Stangenbohnen, Buschbohnen, Erbsen, Rote Bete, Salat, Zwiebeln	Rettich, Radieschen
Knollensellerie	Kohlgewächse, Lauch, Tomaten, Kohlrabi, Stangenbohnen, Buschbohnen	Kartoffeln, Salat
Kohlgewächse	Gurken, Knollensellerie, Tomaten, Endivien, Kartoffeln, Möhren, Rettich, Stangenbohnen, Buschbohnen, Erbsen, Radieschen, Salat, Spinat	Kohlrabi, Zwiebeln
Lauch	Knollensellerie, Kohlgewächse, Tomaten, Endivien, Kohlrabi, Möhren, Erdbeeren, Salat	Stangenbohnen, Buschbohnen, Erbsen, Rote Bete
Paprika	Kohlgewächse, Lauch, Tomaten, Kohlrabi, Möhren, Salat	Stangenbohnen, Buschbohnen
Tomaten	Knollensellerie, Kohlgewächse, Lauch, Chicorée, Kohlrabi, Möhren, Rettich, Stangenbohnen, Buschbohnen, Radieschen, Salat, Spinat	Kartoffeln, Erdbeeren
Zucchini	Rote Bete, Zwiebeln	
Chicorée	Tomaten, Knollenfenchel, Möhren, Stangenbohnen, Buschbohnen, Salat	
Endivien	Kohlgewächse, Lauch, Knollenfenchel, Stangenbohnen, Buschbohnen	
Kartoffeln	Kohlgewächse, Möhren, Spinat	Knollensellerie, Tomaten, Erbsen, Rote Bete
Knollenfenchel	Chicorée, Endivien, Kartoffeln, Erbsen, Salat	Tomaten, Stangenbohnen, Buschbohnen
Kohlrabi	Knollensellerie, Lauch, Tomaten, Rettich, Stangenbohnen, Buschbohnen, Erbsen, Radieschen, Salat, Spinat	

Pflanze	Günstige Kombination mit	Ungünstige Kombination mit
Möhren	Kohlgewächse, Lauch, Tomaten, Endivien, Kartoffeln, Erbsen, Salat, Zwiebeln	
Rettich	Kohlgewächse, Tomaten, Kohlrabi, Möhren, Stangenbohnen, Buschbohnen, Erbsen, Erdbeeren, Salat, Spinat	Gurken
Bohnen	Gurken, Kohlgewächse, Tomaten, Chicorée, Endivien, Kohlrabi, Rettich, Radieschen, Rote Bete, Salat	Lauch, Knollenfenchel, Zwiebeln
Erbsen	Kohlgewächse, Knollenfenchel, Kohlrabi, Möhren, Rettich, Radieschen, Salat	Lauch, Kartoffeln, Stangenbohnen, Buschbohnen
Erdbeeren	Kohlgewächse, Lauch, Rettich, Radieschen, Zwiebeln	
Radieschen	Kohlgewächse, Tomaten, Kohlrabi, Möhren, Stangenbohnen, Buschbohnen, Erbsen, Erdbeeren	Gurken
Rote Bete	Gurken, Zucchini, Stangenbohnen, Buschbohnen, Salat, Zwiebeln	Lauch, Kartoffeln
Salat	Gurken, Kohlgewächse, Tomaten, Chicorée, Knollenfenchel, Möhren, Rettich, Stangenbohnen, Buschbohnen, Erbsen, Radieschen, Rote Bete, Zwiebeln	Knollensellerie
Spinat	Kohlgewächse, Tomaten, Kartoffeln, Kohlrabi, Rettich, Radieschen	
Zwiebeln	Gurken, Zucchini, Möhren, Erdbeeren, Rote Bete, Salat	Kohlgewächse, Kohlrabi, Stangenbohnen, Buschbohnen

Blumen im Hochbeet

Im Vergleich zum Anbau von Nutzpflanzen im Hochbeet stellt das Blumen-Hochbeet nachgerade ein Kinderspiel dar. Sie können sich bei seiner Bepflanzung viel mehr auf Ihre eigenen Vorlieben konzentrieren.

Blumen im Hochbeet

TIPP

„Wie im Gemüsebeet ist am Anfang die Nährstoffkonzentration im Hochbeet sehr hoch. Beachten Sie dies auch bei der Blumenwahl. Pflanzen Sie im ersten Jahr nur starkzehrende Blumen, später können Sie mittel- und schwachzehrende einsetzen. Diese wachsen dann besser."

DIE ANSPRÜCHE VON BLUMEN

Eine so strenge Fruchtfolge, wie man sie bei den Gemüsebeeten einhalten sollte, gilt für Blumenbeete nicht unbedingt, aber auch hier können Sie Starkzehrer, Mittelzehrer und Schwachzehrer finden.

Zu den Starkzehrern unter den Blumen zählen Chrysanthemen, Sonnenblumen, Tulpen und Geranien. Die Mittelzehrer umfassen u. a. Löwenmäulchen, Dahlien und Gloxinien. Und schwachzehrende Blumenarten sind Azaleen, Begonien, Petunien, Primeln und Stiefmütterchen.

Es schadet natürlich auf keinen Fall, auch bei der Bepflanzung von Blumen-Hochbeeten diese Eigenschaften ein wenig im Auge zu behalten. Denn so können Sie immer optimale Ergebnisse erzielen und Ihre Blumenpracht wird Ihnen viel Freude machen.

EIN BLÜHENDES BEET – DAS GANZE JAHR

Besonders schön wirken Blumenbeete, wenn sie das ganze Jahr hindurch blühende Pflanzen enthalten. Wenn Sie das erreichen möchten, ist natürlich wieder ein wenig Planung nötig, aber das blühende Ergebnis wird Sie für diese Mühe belohnen.

Hier ein paar Beispiele dafür, wie Sie mit Blumen durch das ganze Jahr kommen:

- Januar: Schneeglöckchen und Christrosen
- Februar: Krokus und Winterling
- März: Narzissen und Märzenbecher
- April: Tulpen, Nelken und Steinkraut
- Mai: Tränendes Herz, Seidelbast und Beetrosen
- Juni: Beetrosen und Lavendel
- Juli: Männertreu und Rittersporn
- August: Seifenkraut und Sommerenzian
- September: Heidekraut und Astern
- Oktober: Chrysanthemen und Zierkürbisse
- November: Wurmfarn und Rasenschmiele
- Dezember: Christrosen und Efeu

Besonders schön wirkt es übrigens, wenn Sie hoch wachsende Stauden mit niedrigen Pflanzen kombinieren. Sehen Sie dann natürlich vor, dass die Stauden den Hintergrund des Beetes zieren, während die niedrigeren Pflanzen im Vordergrund zu finden sind. So bekommen sie auf der einen Seite genügend Licht und andererseits auch die Beachtung, die ihnen zusteht.

Blumen in Gemüse-Hochbeeten werten nicht nur jeden Garten optisch auf, sondern können auch für die Abwehr von Schädlingen wie z. B. Blattläusen nützlich sein.

1 Blumen im Gemüse-Hochbeet

FRÜHJAHRSBLÜHER

- Blaustern (Scilla)
- Hundszahnlilie (Erythronium dens-canis)
- Hyazinthen (Hyacinthus)
- Kaiserkrone (Fritillaria imperialis)
- Riesen-Lauch (Allium giganteum)
- Maiglöckchen (Convallaria majalis)
- Puschkinie (Puschkinia scilloides)
- Schachbrettblume (Fritillaria meleagris)
- Traubenhyazinthen (Muscari)

Krokusse läuten in Kombination mit Schneeglöckchen und Winterlingen auch im Hochbeet gleich nach Abtauen des letzten Schnees die Gartensaison ein und bieten einen herrlichen Blickfang.

2 Frühjahrsblüher

3 Narzissen

Narzissen eignen sich gut für eine frühe Bepflanzung des Blumen-Hochbeets. Sie stehen im März schon in voller Blüte und bringen zusammen mit Tulpen Farbe in das zeitige Frühjahr.

Rankende Gemüsepflanzen wie Kürbisse lassen sich mit wuchsstarker und reich blühender Kapuzinerkresse harmonisch kombinieren.

4 Wüchsigkeit beachten

5 Flexibler Blickfang

Ein großer Vorteil von Pflanzgefäßen ist, dass sie sich flexibel auf Balkon oder Terrasse arrangieren lassen und beispielsweise auf dem Rasen im Garten einen schönen Blickfang schaffen.

6 Farbliche Harmonie

Besonders schön wirkt es, wenn die Pflanzen farblich gut harmonieren, wie z. B. violetter Lavendel und rosafarbene Rosen, die klassische Kombination eignet sich auch für Hochbeete und Pflanzgefäße.

SCHON GEWUSST?

Erhöhte Beete sind eine ideale Möglichkeit, um bunte Blumen auch an ungeeigneten Standorten wie feuchten Stellen oder verdichteten und schweren Lehmböden anzusiedeln.

7 Kombinationen ausprobieren

Mit einjährigen Sommerblumen können Sie auch wechselnden Vorlieben Rechnung tragen, indem Sie besipielsweise farbliche Schwerpunkte setzen, kleine Landschaften gestalten oder Ihre Sinne durch feine Düfte erfreuen.

Wählen Sie Pflanzen, die sich auf dem begrenzten Platzangebot wohlfühlen. Selbst Zwergkiefern und kleinwüchsige Wacholder oder Koniferen eignen sich bei richtiger Auswahl neben blühenden Blumen.

8 Richtige Auswahl

9 Blumen-Hochbeete für die Terrasse

Spezielle Blumen-Hochbeete eignen sich auch für die Terrasse oder den Balkon und ermöglichen so auch das Gärtnern in Städten. Bei der Bepflanzung sollten Sie auf eine abewchslungsreiche Gestaltung achten.

BLÜHZEIT BEACHTEN

Mit erhöhten Beeten und Pflanzgefäßen kann man auf einfache Art und Weise bunte Blumen auch an Standorten mit scheinbar ungeeigneten Voraussetzungen wie beispielsweise feuchten Untergründen oder verdichteten und schweren Böden zur Verschönerung des Gartens einsetzen. Auf diese Weise lassen sich auch auf kleinstem Raum grüne und üppig blühende Oasen im Miniformat in jeden Garten zaubern.

Schädlings-
bekämpfung

TIPP

„Vorbeugen ist besser als heilen. Vergewissern Sie sich immer als Erstes, ob die Voraussetzungen für gesunde Pflanzen gegeben sind."

Schädlings-bekämpfung

Allein durch die Konstruktion des Hochbeetes haben es einige Schädlinge hier schon schwer. Immerhin muss zunächst einmal die hohe Außenwand überwunden werden, bevor der gedeckte Tisch vor ihnen liegt. Darüber hinaus fällt Ihnen als Besitzer des Hochbeets die Bekämpfung der Schädlinge recht leicht.

WÜHLMÄUSE UND ANDERE NAGER

Schon beim Aufbau des Hochbeets können Sie dafür Sorge tragen, dass Wühlmäuse und andere hungrige Nager an Ihrer Gartenarbeit keine Freude haben werden. Daher sollten Sie es auf keinen Fall versäumen, den Boden des Beetes mit einem Mausgitter abzudecken. Das ist sehr einfach und stellt dann einen effektiven Schutz dar.

SCHNECKEN ABWEHREN

Schnecken erweisen sich immer wieder als extrem hungrige Plagegeister. Sie können aber auch hier mit recht einfachen Mitteln dafür sorgen, dass Ihr Hochbeet von ihnen verschont bleibt. Den effektivsten Schutz können Sie wiederum direkt beim Bau des Beetes realisieren. Wenn Sie an der oberen Kante ein nach unten gebogenes Blech montieren, schaffen Sie damit für die Schnecken eine schier unüberwindbare Barriere. Beim Bau eines Holz-Hochbeets lässt sich die Metallkante auch durch Holz-Fensterbänke in der entsprechenden Breite ersetzen.

Außerdem empfiehlt es sich, bei der Bepflanzung darauf zu achten, keine Gewächse an den Rand zu setzen, deren Ranken bis auf den Boden reichen könnten. Denn Ranken bilden natürliche Leitern für Schnecken und laden sie förmlich zu einem Festschmaus im Hochbeet ein.

NATÜRLICHER SCHÄDLINGS-SCHUTZ

Die Auswahl der richtigen Mischkulturen kann nicht nur dafür sorgen, dass Ihre Pflanzen besser wachsen und gedeihen. Die richtige Pflanzenauswahl wirkt zudem ggf. als Schädlingsschutz, denn es gib Pflanzen, die manche Schädlinge fernhalten bzw. sich positiv auf das Wachstum auswirken. Der Tabelle auf Seite 100 können Sie entnehmen, welche Pflanzen hier welche Wirkung entfalten.

NÜTZLINGE IM GARTEN FÖRDERN

Grundsätzlich schützt ein aus gewogenes Ökosystem am besten vor der übermäßigen Vermehrung von Schädlingen auch im Hochbee Für eine gute Balance empfiehlt e sich, die Ansiedlung nützlicher Tier zu unterstützen. Das Vorkomme von Nützlingen wie etwa Vögeln Bienen und Hummeln kann durc eine naturnahe Gartengestaltun gezielt gefördert werden.

Laufenten haben eine Lieblingsspeise: Nacktschnecken. Sie eignen sich zur biologischen Schneckenbekämpfung im Garten. Ein Pärchen Laufenten kann einen ganzen Garten schneckenfrei halten.

1 Laufenten gegen Schnecken

2 Abstand halten

Ein freier, vollsonniger und nicht zu dicht bepflanzter Standort verschont beispielsweise Salat vor Schneckenplagen. Gießen Sie Ihre Pflanzen möglichst nur morgens. So kann die Erdoberfläche bis zur nächsten Nacht austrocknen, ehe die Schnecken aktiv werden.

3 Mechanischer Schneckenschutz

Wie bei diesem umlaufenden Schneckenschutz von Buttazoni kann man auch mechanisch das Eindringen von Schnecken effektiv verhindern.

BLATTLÄUSEN VORBEUGEN

Um einem leichten Blattlausbefall Herr zu werden, empfiehlt es sich beispielsweise, in Wurzelnähe eine geschälte Knoblauchzehe in die Erde der befallenen Pflanze zu stecken. Treibt der Knoblauch aus, sollte man den grünen Keim regelmäßig abzwicken.

Bei leichtem Befall die Pflanzen sofort mit entsprechenden Spritzbrühen (z. B. Brennesseljauche, Wermuttee oder Kartoffelwasser) behandeln.

Viele Pflanzen sind in der Lage, sich selbst durch Abwehrstoffe vor Insekten und Pilzen zu schützen.

Blattläuse befallen u. a. Gemüse wie Gurken, Paprika, Kohl, Spinat und Tomaten. Fördern Sie die natürlichen Feinde der Blattläuse: Marienkäfer, Florfliegen und Schwebfliegen.

4 Marienkäfer gegen Blattläuse

Der beste Schutz gegen Wühlmäuse im Hochbeet ist, ein Sperrgitter aus Draht am Boden des Hochbeets auszulegen, bevor das Beet mit Substrat befüllt wird. Auch Lärm und Unruhe mögen Wühlmäuse nicht.

5 Gitter gegen Wühlmäuse

6 Maulwurfabwehr

Mit einem feinmaschigen Maschendraht unter dem Hochbeet lassen sich sogar Maulwürfe fernhalten.

Die Raupen des Kohlweißlings befallen nicht nur Kohlgewächse, sondern auch Radieschen, Rucola und andere Kreuzblütler. Neben Absammeln schützen u. a. auch engmaschige Gemüsenetze.

7 Raupenbefall bekämpfen

8 Weißen Fliegen vorbeugen

Um einen Befall von Kohl und Erdbeeren durch die kleinen weißen Fliegen zu verhindern, sollten Sie den Boden feucht halten, nicht zu dicht pflanzen und übermäßige Stickstoffdüngung vermeiden.

9 Jauchen und Krätertees spritzen

Selbst hergestellte Jauchen, Brühen und Kräuterauszüge stärken die Abwehrkräfte von Gemüsepflanzen und können auch vorbeugend zum Schutz vor Krankheiten und Schädlingen eingesetzt werden.

PFLANZENSCHUTZ HAUSGEMACHT

Die wichtigsten Jauchen, Auszüge, Tees und Brühen für den natürlichen Pflanzenschutz sind: Brennnesseljauche und -brühe, Beinwelljauche, Ackerschachtelhalmbrühe, Wermutbrühe und Tomatenblätterauszug. Spritzungen mit Brühen oder Jauchen sollten an trüben Tagen erfolgen. Bei Regenwetter oder starkem Sonnenschein besser unterlassen. Ausnahmen sind nur Schachtelhalmpräparate, die bei Sonnenschein gespritzt werden.

Auf den richtigen Partner kommt es an (2)

Pflanze	Zusammen gepflanzt mit	Wirkung
Basilikum	Tomaten, Gurken, Kohl	Gegen Mehltau und Weiße Fliege
Bohnenkraut	Bohnen	Gegen Schwarze Bohnenlaus; außerdem fördern die Duftstoffe das Wachstum der Bohnen und verbessern ihr Aroma
Borretsch	Gurken, Zucchini und andere insektenbestäubte Pflanzen	Lockt Insekten an
Brennnessel	Obststräucher	Gegen Blattläuse
Buchweizen	Sellerie	Macht den Kali aus dem Boden für den Sellerie verfügbar und sorgt so für besseres Wachstum
Dill	Möhren, Rote Bete, Kohl	Hält Schädlinge ab; Duftstoffe fördern Wachstum der Möhren
Eberraute	Kohl	Gegen Kohlweißling
Hafer	Dicke Bohnen	Gegen Schwarze Bohnenlaus
Kapuzinerkresse	allgemein	Gegen Läuse; der allgemeinen Gesundheit der Pflanzen dienlich
Kerbel	Salat	Gegen Läuse
Knoblauch	Erdbeeren, Rosen	Bakterizide und fungizide Wirkung
Lavendel	Rosen	Gegen Ameisen und bedingt gegen Läuse

Pflanze	Zusammen gepflanzt mit	Wirkung
Meerrettich	Pfirsich, Kirsche	Gegen Kräuselkrankheit und Monilia
Pfefferminze	Wein	Gegen Mehltau
Rettich	Porree	Gegen Lauchmotte
Ringelblume	Kartoffeln, Kohl	Gegen Wurzelälchen, Drahtwürmer; erhöht den Ernteertrag, fördert die Bodengesundheit
Rosmarin	Kohl, Möhren	Gegen Kohlweißling und Möhrenfliege
Tagetes	Tomaten, Kohl, Kartoffeln, Erdbeeren	Gegen Nematoden, Viren und Weiße Fliege
Wermut	Johannisbeeren	Schutz vor Säulenrost
	Porree	Gegen Lauchmotte
Zwiebeln, Schalotten	Erdbeeren, Möhren	Gegen Pilzkrankheiten und Spinnmilben, bedingt gegen Möhrenfliege

Bewässerung

TIPP

„ Besonders wenn man im Sommer verreisen möchte, ist ein Bewässerungssystem für das Hochbeet eine äußerst sinnvolle Anschaffung. “

KOSTEN BEACHTEN

„ Bewässerungssysteme funktionieren zverlässig. Doch sollten Sie die Kosten und den Aufwand für die Installation beachten. Es lohnt daher, im Fachhandel verschiedene Modelle zu vergleichen. “

Bewässerung

Da ein Hochbeet zum einen selber Wärme produziert und zum anderen vergleichsweise ungeschützt der Sonneneinstrahlung ausgesetzt ist, spielt die Bewässerung Ihrer Pflanzen hier natürlich eine besondere Rolle. Auch Regenwasser läuft in Hochbeeten schneller ab, als Sie das von Ihren anderen Gartenbeeten gewohnt sind.

FLUTEN SIE IHRE BEETE

Sie sollten also ein ganz besonderes Augenmerk darauf legen, dass Ihre Pflanzen immer mit ausreichend Wasser versorgt sind. Im Vergleich zu anderen Freibeeten werden Sie hier häufiger zu Gießkanne oder Wasserschlauch greifen müssen. Grundsätzlich ist es so, dass Sie ein Hochbeet zweimal am Tag wässern sollten, vorzugsweise morgens und abends. Wie Sie im dritten Kapitel gesehen haben, mögen es einige Pflanzen gar nicht, wenn sie von oben gegossen werden. Im ungünstigsten Fall kann das sogar dazu führen, dass diese Pflanzen eingehen. Es empfiehlt sich also, möglichst auf das Gießen von oben zu verzichten.

Eine gute Alternative dazu stellt das Fluten der Beete dar. Diese Methode bietet sich bei einem Hochbeet vor allem deshalb an, weil das Wasser nicht zur Seite ablaufen kann (das ist besonders bei sehr trockenem oder hartem Boden ein großer Vorteil). Sie erreichen beim Fluten also auch wirklich jede Pflanze. Auf der anderen Seite kann hier das Wasser durch die Dränageschicht nach unten ablaufen. Es besteht also auch nicht die Gefahr, dass Ihre Pflanzen stundenlang im Wasser stehen und die Wurzeln anfangen zu faulen.

Hier noch ein kleiner Tipp: Sie können schon bei der Planung Ihres Hochbeetes für ein einfaches Gießen sorgen. Wenn es darum geht, den optimalen Standort des Beets festzulegen, denken Sie daran, dass Sie sich das Wasserschleppen sparen können, indem Sie das Beet in Schlauchnähe zum nächsten Wasseranschluss anlegen – Ihr Rücken wird es Ihnen danken.

GIESSEN MIT BEWÄSSERUNGSSYSTEMEN

Bewässerungssysteme stellen eine gute und wirkungsvolle Alternative zum Selbergießen mit Schlauch oder Gießkanne dar. Die Vorteile liegen hierbei auf der Hand: Sie können das Gießen Ihrer mit Mühe gezogenen Pflanzen nicht mehr vergessen. Auch wenn Sie im Urlaub sind, sorgt das System dafür, dass Ihre Beete weiterhin ausreichend mit Wasser versorgt werden. Viele Systeme sorgen dabei sogar für einen geringeren Wasserverbrauch.

Natürlich ist der Einsatz eines Bewässerungssystems mit zusätzlichen Kosten verbunden. Für ein Hochbeet durchschnittlicher Größe sollten Sie mit Kosten zwischen 100 und 200 Euro rechnen. Das Herzstück solcher Bewässerungssysteme bildet ein Tropfschlauch – also ein Schlauch, der in regelmäßigen Abständen Löcher aufweist, durch die ständig eine geringe Menge Wasser austritt. Auf diese Weise halten Sie Ihre Beete immer feucht und vermeiden es, die Pflanzen von oben zu gießen.

Die Wasserversorgung kann dabei auf unterschiedliche Art und Weise geregelt sein. Einige Systeme arbeiten mit dem normalen Wasseranschluss, den Sie in Ihrem Garten haben. Damit das gut funktioniert, braucht es jedoch einen bestimmten Wasserdruck, denn sonst kommt am Ende des Tropfschlauchs kein Wasser mehr an. Bisweilen sind auch noch spezielle Pumpen zwischengeschaltet, sodass Sie zusätzlich noch einen Stromanschluss benötigen.

Eine echte Alternative dazu stellt die Wasserversorgung aus der Regentonne (oder einem anderen Wasserspeicher) dar. Hier wird das Bewässerungssystem direkt an eine Regentonne angeschlossen (die Sie bequem in der Nähe Ihres Hochbeetes platzieren können). Wenn der Regenspeicher einen bis zwei Meter höher steht als das Beet, ist der Wasserdruck groß genug, dass Sie auf weitere Pumpen verzichten können. Wichtig ist es, hier einen Filter einzubauen, damit keine Blätter oder kleineren Äste die Wasserzufuhr unterbrechen können. In Gartencentern oder Baumärkten können Sie diese Bewässrungssysteme für unterschiedliche Beetgrößen als fertige Sets bekommen.

VERDUNSTUNG REDUZIEREN

Sie können aber nicht nur dafür sorgen, dass genug Feuchtigkeit in Ihr Hochbeet gelangt, sondern – in gewissem Umfang – auch dafür Sorge tragen, dass diese Feuchtigkeit möglichst lange erhalten bleibt. Mit anderen Worten: Reduzieren Sie die Verdunstung in Ihrem Hochbeet. Eine recht einfach umzusetzende Maßnahme hierzu stellt das Mulchen dar. Bringen Sie also einfach eine Schicht Mulch oben auf dem Beet auf. Als Materialien eignen sich hierzu u. a. Stroh, Gras oder Laub- und Rindenabfälle. Es genügt schon eine wenige Zentimeter dicke Mulchschicht, um der allzu schnellen Verdunstung Einhalt zu gebieten.

VORTEILE DES MULCHENS

Das Mulchen bietet Ihnen darüber hinaus aber noch weitere Vorteile:

- Es hilft gegen Unkraut.
- Es liefert mit der Zeit neues Material für die Humusbildung.
- Es bietet Nahrung für erwünschte Bodenlebewesen.
- Es trägt zum Erhalt der Bodenstruktur bei.

Bewässerungssysteme sind eine nützliche, wassersparende Methode, um Wasser dosiert direkt zu den Pflanzen zu bringen.

1 Bewässerungssystem

2 Intelligente Bewässerung

Für die Gartenbewässerung sind ganz unterschiedliche Systeme erhältlich. Richtig installiert, ersparen sie das Wasserschleppen und sind per Knopfdruck oder Zeitschaltuhr bequem regulierbar.

3 Verdunstung reduzieren

Eine ideale Ergänzung sind Bewässerungssysteme zur gezielten Wasserversorgung z. B. über eine Tropfbewässerung in Kombination mit einem Folientunnel zur Reduzierung der Verdunstung.

SCHON GEWUSST?

Sie können auch Pflanzen, die an den Wänden nach unten ranken, als Hitzeschutz einsetzen. Allerdings ist dies eine etwas zwiespältige Angelegenheit. Denn solche Ranken werden u. a. von Schnecken gerne als „Leiter“ verwendet, um in Ihr Beet zu gelangen. Hier ist dann also Ihre besondere Aufmerksamkeit gefragt, um Schädlingsbefall zu vermeiden.

4 Mulchfolie

Die Abdeckung mit Mulchfolie bewirkt eine Erwärmung der Erdoberfläche, die Pflanze hat dadurch bessere Wachstumsbedingungen und der Wachstumsverlauf ist gleichmäßiger. Die Erde unter der Mulchfolie bleibt locker und trocknet weniger schnell aus. Außerdem unterdrückt die Folie Unkraut.

Stroh als Mulchmaterial hat sich bewährt, es vermindert die Verbreitung von Grauschimmel und anderen Pilzkrankheiten. Auch unter Tomaten und Paprika gewährt es sogar gewissen Schutz vor Krautfäule und Botrytis.

5 Stroh als Mulchmaterial

6 Rindenmulch

Bei Rindenmulch aus dem Fachhandel sind durch Fermentation Holzstoffe und Harze mit ihren negativen Wirkstoffen umgewandelt und er schützt die Oberfläche ausdauernd über mehrere Jahre hinweg.

AUSTROCKNUNG REDUZIEREN

Auch die verhältnismäßig ungeschützten Außenwände eines Hochbeetes tragen zum schnellen Austrocknen der Erde bei. Um das zu verhindern, können Sie einige vorbeugende Maßnahmen ergreifen. Oft hilft schon ein weißer Anstrich der Wände, der ein allzu großes Aufheizen und somit Austrocknen verhindert. Eine zusätzliche Verkleidung der Außenwände erfüllt denselben Zweck und reduziert die Verdunstung.

Düngen im Hochbeet

Düngen im Hochbeet

Das Schöne an einem Hochbeet ist, dass es – wenn es einmal steht – sehr leicht zu pflegen ist. Auch der Einsatz von Dünger ist hier auf ein Minimum reduziert. Natürliche Mittel zur Bodenverbesserung wie Komposterde, düngende Pflanzenjauchen und Gründüngung sind wirkungsvoll und man kann dabei wenig falsch machen, wenn man einige grundsätzliche Regeln beachtet.

KOMPOST, DER IDEALE HELFER

In den ersten beiden Jahren, wenn die Nährstoffproduktion im Beet noch in vollem Gange ist, ist eine zusätzliche Düngung für gewöhnlich nicht notwendig. Das Beet sorgt selber für alle Nährstoffe, die Ihre Pflanzen für ein gutes Wachstum benötigen. Wenn sich das Beet in dieser Zeit zu sehr absenkt, sollten Sie es wieder auffüllen. Verwenden Sie dazu frischen Kompost. Dann sind Ihre Pflanzen auf jeden Fall stets ausreichend versorgt.

Im dritten und vierten Jahr, der Hochzeit für die Mittelzehrer, sollten Sie unbedingt für frischen Kompost sorgen. Eine Düngung darüber hinaus ist für gewöhnlich nicht nötig. In einzelnen Fällen, wenn das Pflanzenwachstum wider Erwarten doch kümmerlicher ausfallen sollte, als Sie sich das vorgestellt haben, kann eine zusätzliche Düngung vorteilhaft sein. Achten Sie dann aber darauf, biologischen Dünger zu verwenden.

Im fünften und sechsten Jahr ist die Nährstoffproduktion in Ihrem Beet deutlich zurückgegangen. Nun sollten Sie unbedingt vor dem Pflanzen jeweils frischen Kompost aufbringen. Auch hier ist eine zusätzliche Gabe von (biologischen) Düngemitteln für gewöhnlich nicht nötig. Wer jedoch schon in den Jahren vorher zu Düngemitteln greifen musste, wird auch nun nicht ohne auskommen.

GRÜNDÜNGER, EINE SCHÖNE ALTERNATIVE

Eine besonders schöne und biologisch wertvolle Art der Düngung stellt die sogenannte Gründüngung dar. Dabei säen Sie schnell wachsende Grünpflanzen dorthin, wo gerade kein Anbau stattfindet. Nach der Blüte können Sie diese Pflanzen dann oberflächlich in die Erde einarbeiten. So lockern Sie den Boden nicht nur auf, sondern reichern ihn auch auf ganz natürliche Weise mit neuen Nährstoffen an. Im Handel können Sie fertige Saatgutmischungen bekommen. Dies ist sicherlich die einfachste Methode, zu einer ausgewogenen Gründüngung zu kommen. In der Tabelle auf Seite 109 sind die wichtigsten Pflanzen aufgeführt. So können Sie sich selber ein Bild davon machen, welche Saatgutmischung für Ihre Zwecke am besten geeignet ist.

TIPP

» Beim Düngen gilt wie beim Gießen der Grundsatz: alles mit Maß und Ziel. Dann steht einer optimalen Pflanzenentwicklung nichts mehr im Wege. «

Werden die Regenwürmer im Kompost weniger, ist dies ein sicherer Anhaltspunkt, dass der Verrottungsprozess abgeschlossen ist und der reife Kompost durch ein Gitter geworfen werden kann.

1 Komposterde

BRENNESSELJAUCHE

Sie brauchen 1 Kilo Brennnesseln, möglichst vor der Blüte gesammelt, und 10 Liter Regenwasser oder abgestandenes Leitungswasser. Zerkleinern Sie die Brennnesseln und geben Sie sie zusammen mit dem Wasser in einen Eimer. Luftdicht abdecken und täglich umrühren. Nach ca. zwei Wochen (sonniger Standort) ist die Garung abgeschlossen und die Jauche einsatzbereit. Den Geruch können Sie mit Steinmehl mildern. Geben Sie einfach täglich beim Umrühren etwas Steinmehl hinzu.

Küchenabfälle wie Gemüse- und Obstreste sind neben gröberen Gartenabfällen wichtige Bestandteile für einen Komposthaufen. Entscheidend ist das Mischungsverhältnis, Luft und Feuchtigkeit sind für den Verrottungsprozess notwendig, aber keine Fäulnis.

2 Die richtige Mischung

3 Flüssige Düngung

Selbst angesetzte Pflanzenjauchen sind die kostengünstigsten Düngemöglichkeiten im naturgemäßen Gemüseanbau. Mit Wasser verdünnt sind sie eine Extraration Kali und Stickstoff für die Pflanzen.

Senf ist als Gründüngung für Hochbeete praktisch, da er rasch wächst. Aber beachten Sie, dass sich Senf als Vorkultur für Kohlgewächse nicht eignet, da beides Kreuzblütler sind.

4 Gründüngung mit Senf

6 Leguminosen

Wie Erbsen und Bohnen zählen auch Lupinen, Wicken und einige Kleearten zu den Schmetterlingsblütlern (Leguminosen), die aus dem Boden in kleinen Knöllchen an den Wurzeln Stickstoff sammeln und für Pflanzen nutzbar machen. Im Gemüsegarten sind sie als Gründüngung einsetzbar, müssen aber auch bei der Pflanzenfolge und -zusammenstellung, z. B. bei Mischkulturen, bedacht werden.

5 Phacelia, der Bienenfreund

Phacelia hat ihre Vorteile nicht nur als Gründüngungspflanze, sondern auch als Bienenweide. Mit ihrer blauen Blütenpracht ist sie eine der ertragsreichsten Bienenpflanzen im Garten. Und bietet den nützlichen Insekten reichlich Nahrung.

SCHON GEWUSST?

Es gibt Mischungen verschiedener Gründüngerpflanzen, die einen besonders dichten Bewuchs bilden. Eine Mischung aus Ringelblumen, Tagetes und anderen einjährigen Pflanzen ist als „Gartendoktor" im Handel erhältlich. Sie dient zur Erholung von intensiv genutzten Gemüseflächen, zumal die Wurzelausscheidungen von Tagetes und Ringelblumen gegen schädliche Wurzelälchen wirksam sind. Dieses biologische Pflanzenschutzmittel kann genauso bei der Revitalisierung von Erdbeerbeeten oder anderen Kulturflächen nützlich sein.

Gründüngerpflanzen

Gründüngung bietet sich bei Hochbeeten vor allem als Zwischensaat zur Regeneration vom Spätsommer bis zum Winter an, wenn das Hochbeet nicht mehr intensiv bepflanzt wird. Schnellwüchsige und kurzlebige Gewächse wie Lupinen oder Phacelia bilden in kurzer Zeit einen dichten Bewuchs. So schützen sie den Boden und führen ihm nach dem Absterben oder Einfräsen nützliche Grünmasse zu. Gründüngung mit Senf fördert beispielsweise die Belüftung und Lockerung des Bodens, Ackerbohnen reichern den Boden mit Stickstoff an. Die Gründüngung ist noch im Spätsommer möglich, zumal mit Gelbsenf, der sich durch eine kurze Keimzeit auszeichnet.

Pflanze	Bemerkungen
Sommerwicke	Stickstoffsammler
Gelbe Lupine	Stickstoffsammler, Tiefwurzler
Weiße Lupine	Stickstoffsammler, Tiefwurzler
Blaue Lupine	Stickstoffsammler, Tiefwurzler
Persischer Klee	Stickstoffsammler
Ölrettich	Tiefwurzler
Gelbsenf	Rasch wachsend
Bienenfreund	Frosthart bis -8°C, günstig für Fruchtfolge im Gemüsegarten, nicht vor Erdbeeren
Studentenblume	Wirkt gegen Nematoden
Ringelblume	Geringe Wirkung gegen Nematoden
Buchweizen	Günstig für Fruchtfolge im Gemüsegarten
Hafer	Günstig für Fruchtfolge im Gemüsegarten
Winterzottelwicke	Stickstoffsammler
Serradella	Stickstoffsammler, niedriges Gewächs
Inkarnatklee	Stickstoffsammler

PFLANZEN FÜRS HOCHBEET VON A-Z

Artischocken

Ob als Vorspeise, Hauptspeise oder Dip – mit Artischocken holen Sie sich stets mediterranen Genuss auf den Teller. Mit ihren ab Juli/August sprießenden blauvioletten Blüten machen sie jedoch auch im Garten einen imposanten Eindruck.

Artischocken sind in hiesigen Gemüsebeeten noch nicht allzu verbreitet. Für ein Hochbeet eignen sich die Distelgewächse aber hervorragend. Wegen ihrer hübschen gezackten silbergrauen Blätter eignet sich diese dekorative Pflanze übrigens auch sehr gut für ein Beet, in dem Sie ansonsten Blumen anpflanzen. Da Artischocken relativ viel Platz benötigen, sollten Sie nicht mehr als eine oder zwei Pflanzen (je nach Größe des Beetes) anpflanzen. Artischocken können ab Mitte Mai ins Freiland gesetzt werden und benötigen viel Wasser.

Bei der Vermehrung über Kindel schneiden Sie im Spätwinter die Neuaustriebe ab und topfen sie wie Stecklinge zunächst in Töpfe.

1 Vermehrung

Artischocken neigen zu Blattläusen, daher ist hier eine besondere Pflege erforderlich. Wenn sich die Blätter einrollen oder krümmen, ist das ein sicheres Zeichen für Lausbefall. Die Läuse lassen sich aber mit einem starken Wasserstrahl (der der Pflanze nicht schadet) recht leicht wieder entfernen. Artischocken sind mehrjährige Pflanzen. Wenn Sie die Pflanzen nach der Ernte im Oktober etwa zehn Zentimeter über dem Boden abschneiden und dann mit einer Schicht Laub gegen den Frost schützen, haben Sie auch im nächsten Jahr wieder Freude an ihnen.

2 Ernten

Nach der Ernte sollten die Blütenknospen so schnell wie möglich gegessen werden.

Cynara cardunculus

STECKBRIEF

- März–Mai
- August–Oktober
- Sonne
- hoch
- mehrjährig
- 80–150 cm
- hoch

Solanum melongena

STECKBRIEF

- Februar–Mai
- August–Oktober
- Sonne
- mittel
- einjährig kultiviert
- 100–150 cm
- gering–mittel

Aubergine

Die wärmeverwöhnten Pflanzen bereichern nicht nur in Gerichten wie Ratatouille und Moussaka die mediterrane und orientalische Küche, sie lohnen uns den Anbau auch als reizvoller Blickfang im Hochbeet mit dekorativen Blüten und leuchtend violetten Früchten.

Auberginen eignen sich hervorragend für ein Hochbeet, vorausgesetzt, Sie wohnen in einem Landstrich, in dem gemäßigtes Klima herrscht. Die Pflanzen sollten in einem Abstand von etwa 50 bis 60 cm voneinander gesetzt werden. Sie werden mit 1,30 m recht hoch, sodass sie angebunden werden müssen. Daher sollten Sie bereits beim Pflanzen daran denken, pro Pflanze einen entsprechenden Stab im Beet zu verankern. Auberginen brauchen viel Wasser, mögen es aber nicht, von oben gegossen zu werden. Sie können Mitte Mai ins Beet gesetzt werden, die ersten Früchte können Sie dann im August ernten. Bis zum Einsetzen des Frosts ist eine Ernte aber noch möglich.

Die frostempfindlichen Jungpflanzen werden erst nach den Eisheiligen ins Freie gepflanzt.

1 Ins Freiland

2 Ernten

Erntereife Früchte erkennen Sie sehr gut an der kräftigen lila Farbe und daran, dass sie auf Druck leicht nachgeben.

Buschbohnen

Das pflegeleichte Gemüse besticht durch einen problemlosen Anbau, eine schnelle Ernte und eine große Sortenvielfalt. Ebenso vielfältig sind ihre Verwendungsmöglichkeiten in der Küche: Sie bereichern Suppen und Salate und sind schmackhafte Beilagen zu Fleisch- und Fischgerichten.

Buschbohnen zählen zu den beliebtesten Gemüsen bei hiesigen Hobbygärtnern. Das liegt vor allem daran, dass sie unkompliziert zu handhaben sind und eine schnelle und – das ist der entscheidende Faktor – reiche Ernte bieten. Bohnen werden gesät. Die Reihen sollten einen Abstand von etwa 40 cm haben, innerhalb der Reihen können Sie alle 10 cm eine Pflanze säen. Da Buschbohnen sehr kälteempfindlich sind, sollten sie nicht vor Mitte Mai – also erst nach den „Eisheiligen" – gesät werden. Dann sollten Sie darauf achten, die Erde immer schön feucht zu halten. Beim Gießen mit warmem Wasser gedeihen sie besonders gut. Es dauert etwa zwei Monate, bis Sie die ersten Bohnen ernten können. Die Erntezeit ist von Juni bis September. Meistens lassen sich von einer Pflanze pro Saison mehrmals Bohnen ernten. Auch diese Ergiebigkeit ist ein weiterer Grund für die besondere Beliebtheit der Pflanze bei Hobbygärtnern. Buschbohnen sind außerdem Schwachzehrer und daher sehr genügsame Pflanzen.

↓ Da die Bohnen zur Keimung Sauerstoff benötigen, setzen Sie die Kerne nicht tiefer als 3 cm.

1 Aussaat

2 Ernten

↑ Je länger die Früchte an der Staude bleiben und ausreifen, desto stärker bilden sich an den Nahtstellendie beim Essen die unangenehmen „Fäden".

Phaseolus vulgaris

STECKBRIEF

- Mai
- Juli–Oktober
- Sonne/Halbschatten
- gering
- einjährig
- 30–40 cm
- gering–mittel

Pisum sativum

Erbsen

Unter den vielen Erbsensorten ist für jeden Geschmack etwas dabei. Unkompliziert, gesund, dekorativ und schnell geerntet, sind sie ein gern gesehener Gast in jedem Gemüsegarten und gehören zu den beliebtesten Beilagen auf heimischen Tellern.

Ähnlich wie die Buschbohnen werden auch Erbsen gesät. Man unterscheidet hier drei Sorten: Zuckererbsen, Schalenerbsen und Markerbsen. Während bei Zuckererbsen die Schale mitgegessen wird, sind bei den beiden anderen Sorten nur die Kerne essbar. Sollten Sie die Kerne gerne roh essen, sind Markerbsen für Sie die richtige Wahl. Die Furchen zur Aussaat der Erbsen sollten einen Abstand von etwa 40 cm haben. Sie können dann alle fünf Zentimeter einen Kern säen. Je nach Sorte werden die Erbsen im März oder April ins Beet gebracht (genaue Angaben können Sie dem Tütchen mit dem Saatgut entnehmen). Es dauert etwa 3 Monate bis zur Ernte. Halten Sie die Erde immer feucht, sobald sich die ersten Früchte ausbilden. Um die jungen Pflänzchen vor allzu hungrigen Vögeln zu schützen, sollten Sie ein Netz über die Pflanzen legen. Nach dem Ernten sollten Sie die Pflanzen aus dem Beet entfernen. Achten Sie dabei aber darauf, dass die Wurzeln im Beet verbleiben, denn dort befinden sich Knöllchenbakterien, die das Beet mit zusätzlichem Stickstoff versorgen.

STECKBRIEF

- März–April
- Juni–August
- Sonne
- gering
- einjährig
- 20–150 cm
- gering–mittel

Beachten Sie, dass sich Erbsen nicht mit anderen Nachtschattengewächsen vertragen.

1 Aussaat

2 Ernten

Bei regelmäßiger Ernte der jungen Erbsen bilden sich immer wieder neue Früchte nach.

Erdbeeren

Fragaria

Wer kann den süßen Früchtchen im Sommer schon lange widerstehen! Nicht nur pur oder mit Schlagsahne genascht sind sie eine Versuchung, sondern auch in vielen Desserts, Salaten und anderen Gerichten. Kein Wunder, dass sie zu den beliebtesten Gartenfrüchten zählen!

Für den Anbau im Hochbeet eignen sich besonders die sogenannten Monats- oder auch Walderdbeeren. Sie haben den Vorteil, dass sie keine Ausläufer bilden und den ganzen Sommer über Früchte tragen. Da es sich bei dieser Erdbeerenart um eine Pflanze handelt, die im Wald beheimatet ist, kann das Beet ruhig im Halbschatten stehen. Pro Quadratmeter können Sie bis zu zwölf Pflanzen setzen. An ihrem Standort können die Pflanzen dann jahrelang bleiben. Die beste Pflanzzeit für Erdbeeren ist Mitte Mai. Der Boden sollte feucht gehalten werden, gießen Sie sie direkt im Wurzelbereich. Bereits Mitte Juni können Sie die ersten Früchte ernten. Sorgen Sie auch dafür, dass der Zwischenraum zwischen den Pflanzen immer locker und unkrautfrei gehalten wird. Es ist wichtig, dass Sie die Blätter der Pflanzen im Herbst abschneiden. Es bleiben also nur noch die „nackten" Stengel stehen.

Junge Erdbeerpflanzen können Sie im Gartencenter kaufen und direkt ins Beet pflanzen. Je nach Sorte können Sie Ihre Erdbeeren aber auch selbst über Kindel weitervermehren.

Ins Freiland

STECKBRIEF

- Mai
- Juni–September
- Sonne/Halbschatten
- gering
- mehrjährig
- 20 cm
- gering–mittel

Foeniculum vulgare

STECKBRIEF

- März–August
- Juli–November
- Sonne
- mittel
- ein- oder zweijährig kultiviert
- 40–130 cm
- hoch

Fenchel

Das leckere Gemüse mit seinem anisartigen Aroma schmeckt sowohl roh als auch gegart. Das frische oder getrocknete Fenchelgrün passt zu Fisch oder Soßen. Bekannt ist auch seine Wirkung als Heilpflanze, z. B. als gegen Bauchschmerzen wirksamer Fencheltee.

Fenchel ist ein Pflanze, die auch sehr gerne in Hochbeeten angebaut wird. Hier müssen Sie aber genau den richtigen Erntezeitpunkt – nämlich wenn sich mittelgroße Knollen gebildet haben – abpassen. Ansonsten sieht das Kraut des Fenchels zwar noch immer sehr hübsch aus, die Knolle ist aber nicht mehr genießbar. Fenchel braucht recht viel Platz im Beet. Die Reihen sollten einen Abstand von 49 cm haben, in jeder Reihe sollte der Abstand 25 cm betragen. Sie können die Pflänzchen Mitte Mai ins Beet setzen, die Erntezeit wird dann etwa Mitte Juli sein. Danach können Sie anstelle des Fenchels beispielsweise Buschbohnen ins Beet setzen. Fenchel ist sehr pflegeleicht. Wegen der Größe der Pflanzen fühlt sich Unkraut in seiner Nachbarschaft nicht wohl. Damit er gut gedeiht, braucht Fenchel viel Wasser.

Aus den Samen des Gewürzfenchels lassen sich schmackhafte Tees zubereiten.

1 Gewürzfenchel

2 Gemüsefenchel

Knollen- oder Gemüsefenchel können Sie nach der Ernte problemlos zwei bis drei Wochen im Gemüsefach des Kühlschranks lagern, bis Sie ihn verarbeiten.

Gurken

Cucumis sativus

Ob Freiland- oder Salatgurken – mit ihrem hohen Wasseranteil bieten Gurken stets einen erfrischenden Geschmack. Vor allem als kalorienarmer Genuss in Salaten sind sie beliebt, aber auch als Gemüse, Brotbelag oder Suppe. Bei richtiger Pflege erhalten Sie schon mit wenigen Pflanzen gute Erträge.

FREILAND- ODER GÄRTNERGURKEN

Bei den Gurken, die Sie eingelegt im Glas kaufen können, handelt es sich um Freilandgurken. Sie haben gegenüber Salatgurken den Vorteil, dass sie recht genügsam sind und vor allem nicht unter Folie gehalten werden müssen. Freilandgurken benötigen jedoch viel Platz. Mehr als zwei Pflanzen pro Quadratmeter sind nicht zu empfehlen. Achten Sie beim Pflanzen darauf, sie nicht zu nah am Beetrand zu platzieren. Für Freilandgurken ist Mitte Mai die beste Pflanzzeit. Die Gurken benötigen für ihr Wachstum viel Wasser. Achten Sie beim Gießen darauf, dass kein Wasser auf die Blätter gelangt. Gurken bilden Ausläufer, die sich ihren Weg durch das Beet (und auch aus dem Beet heraus) suchen. Sie sollten den Pflanzen hier auch ihren Willen lassen. Die ersten Früchte können Sie im Juni ernten. Von da an werden die Pflanzen Sie bis Oktober mit neuen aromatischen Früchten versorgen.

Gurken sollten erst nach den Eisheiligen ins Freiland gepflanzt werden. Sie können aber gut im Gewächshaus vorgezogen werden.

1 Ins Freiland

2 Standort

Wählen Sie als Standort eine windgeschützte Stelle mit ausreichend Platz und viel Sonne.

STECKBRIEF

- April–Juni
- Juni–Oktober
- Sonne
- mittel
- einjährig
- rankend (-200 cm)
- mittel–hoch

SCHLANGENGURKEN

Auch Schlangen- oder Salatgurken erfreuen sich hierzulande großer Beliebtheit. Ähnlich wie die Freilandgurken benötigen Salatgurken viel Platz. Auch hier sollten Sie nicht mehr als zwei Pflanzen pro Quadratmeter setzen. Allerdings sind Salatgurken recht empfindliche Gewächse. Denn wenn ihre Blätter Feuchtigkeit abbekommen, gehen sie kaputt und es wird nichts mit dem frischen Gurkensalat. Daher sollten die Pflanzen stets mit einer Folie geschützt werden. Salatgurken können Mitte Mai ins Beet gesetzt werden und benötigen dann immer viel Wasser. Auch beim Gießen sollte kein Wasser auf die Blätter gelangen. Damit die Gurken richtig gedeihen können, brauchen sie ein Klettergerüst. Die ersten Früchte können Sie im Juni ernten. Achten Sie darauf, dass die Gurken nicht zu dick werden, denn dann schmecken sie nicht mehr so aromatisch.

3 In Beetmitte pflanzen

Werden Gurken nicht aufgebunden, haben sie am Boden einen hohen Platzbedarf und gehören in die Beetmitte.

Platzsparender können Sie Ihre Gurken pflanzen, wenn Sie sie an Gittern oder Rankstäben hochbinden. Dies verhindert zudem, dass die Blätter der Pflanzen beim Gießen mit Wasser in Berührung kommen und sich Pilze bilden, durch die die Blätter absterben. In einem überdachten Hochbeet sollten Sie für ausreichend Belüftung und eine geringe Luftfeuchtigkeit sorgen.

4 Aufbinden

5 Ernte

Schneiden Sie die reifen Früchte mit einem Messer oder einer Scheere direkt am Stielansatz ab. Gurken lassen sich im Gemüsefach gut aufbewahren.

Kohlrabi

Brassica oleracea

Der wie eine Kugel geformte Strunk des Kohlrabi ist ein kulinarisches Multitalent. Er verleiht nicht nur Eintöpfen ein würziges Aroma, sondern kann auch roh genussvoll gesnackt werden. Schon wenige Wochen nach dem Anbau können Sie die knackigen Knollen ernten.

Kohlrabi ist eigentlich das ideale Gemüse – nicht nur für das Hochbeet. Er ist unkompliziert, wächst schnell und ist auch nicht besonders empfindlich. Einige Sorten sind sogar recht unempfindlich gegen Frost und können so – zumindest in gemäßigten Breitengraden – den ganzen Winter über geerntet werden. Lassen Sie den Pflänzchen etwa 25 cm Platz in jede Richtung, dann gedeihen sie am besten. Ab Mitte April kann Kohlrabi ins Beet gesetzt werden, nach etwa zwei Monaten können Sie ihn ernten. Spätestens wenn die Pflanze Knollen ausbildet, sollten Sie auf regelmäßiges Gießen achten. Ebenfalls regelmäßig sollten Sie die Blätter inspizieren und Raupen entfernen – denn nicht nur uns Menschen schmeckt dieses Gemüse gut.

↓ Die anspruchslose Gemüsepflanze hat eine kurze Vegetationszeit und wächst schon ab Februar.

1 Ins Freiland

2 Ernten

↑ Wird die Pflanze zu spät geerntet, wird die Frucht holzig und hart. Bei rechtzeitiger Ernte ist sie hingegen zart und schmackhaft.

STECKBRIEF

- Februar–Juni
- Mai–November
- Sonne
- gering
- einjährig
- 30 cm
- mittel–hoch

Cucurbita

Kürbis

Ob groß, ob klein, ob rund oder länglich – Kürbisse gibt es in vielen Größen und Formen. Sie sind Starkzehrer und eignen sich sehr gut für die Erstbepflanzung eines Hochbeets. Von Suppen bis hin zu Süßspeisen bereichern verschiedene Kürbissorten die heimische Küche.

STECKBRIEF

- April–Mai
- August–November
- Sonne
- gering
- einjährig
- rankend
- gering–mittel

Die einjährige Pflanze benötigt einen sonnigen Standort und humusreiche Böden. Ausgesät oder gepflanzt wird sie in normalen Beeten Mitte oder Ende Mai. Im Hochbeet können es schon zwei bis drei Wochen früher sein. Erntezeit ist zwischen September und Oktober. Setzen Sie nicht zu viele Pflanzen in ein Beet: ein bis zwei der platzbedürftigen Pflanzen reichen vollkommen aus. Am besten pflanzen Sie sie allein, mit Gurken oder Zucchini (ebenfalls sehr raumgreifend!), um Viruserkrankungen zu vermeiden. Da Kürbisse kälteempfindlich sind, sollten Sie die Aussaat oder die Pflanzen bei kühlerem Wetter mit einem Vlies bedecken. Eine dünne Mulchschicht auf dem Beet verhindert bei Jungpflanzen eine allzu große Wasserverdunstung. Kürbisse benötigen regelmäßige Wassergaben. Achten Sie dabei darauf, die Blätter nicht zu benetzen, da sie faulen könnten. Bei zu hoher Feuchtigkeit kann sehr leicht auch Mehltau auftreten.

Nach einigen Wochen zeigen sich die ersten Blüten. Der Bestäubung können Sie per Hand nachhelfen.

1 Bestäubung fördern

2 Fruchtbildung

Je nach Sorte variieren Form, Größe und Farbe der Frucht, die sich aus dem Fruchtansatz bildet.

Mangold

In der Küche ist er ein allzu vernachlässigtes Gemüse – dabei hat der Mangold, den es in unterschiedlichen Sorten gibt, einiges zu bieten: Sein herb-erdiges Aroma bereichert so manches Gericht und die pflegeleichte, dekorative Pflanze liefert gute Erntergebnisse.

Vor allem Stangenmangold ist nicht nur sehr schmackhaft, sondern mit seinen roten, gelben und weißen Stielen auch noch hübsch anzusehen – und das Auge isst ja bekanntlich mit. Die Pflanzen benötigen gar nicht so viel Platz, wenn Sie immer die äußeren Blätter abernten. Dann können Sie alle 20 cm eine Pflanze setzen. Auch Mangold benötigt regelmäßige Feuchtigkeit zum Wachstum. Wenn Sie auf eine regelmäßige Ernte achten, werden Sie nicht viel Arbeit mit dem Mangold haben. Die beste Zeit, um Mangold ins Beet zu setzen, ist Mitte April. Die ersten Blätter werden Sie dann nach zwei Monaten ernten können. Normalerweise haben Sie lange Freude an Ihren Mangoldpflanzen und können deutlich über den ersten Frost hinaus ernten.

Ausgesät wird direkt ins Beet. Nach dem Aufgehen verzieht man die Pflanzen auf 15 bis 20 cm.

1 Aussaat

2 Ernten

Beim Ernten dreht man einige Außenblätter ab, das Herz bleibt stehen, damit Blätter nachtreiben.

Beta vulgaris subsp. cicla

STECKBRIEF

- März–Mai
- Juni–Oktober
- Sonne/Halbschatten
- mittel
- einjährig
- 40–100 cm
- gering–mittel

Daucus carota

Möhren

Sie gehören zu den beliebtesten Gemüsesorten und sollten daher auch in keinem Hochbeet fehlen: Möhren sind nicht nur gesund, sondern lassen sich auch vielfältig genießen – ob im Eintopf, als Gemüsebeilage oder zum Knabbern zwischendurch. Bei der Vielfalt der Sorten ist für jeden etwas dabei.

Möhren machen ein wenig mehr Arbeit als einige andere der hier vorgestellten Pflanzen. Sie werden ausgesät, die Aussaat kann von März bis Juni erfolgen. Nach etwa drei Wochen keimen die Samen. Kurz darauf müssen Sie die jungen Pflanzen so auslichten, dass nur noch alle 5 cm eine Pflanze steht. Halten Sie die Erde immer schön feucht, damit sich die Pflanzen gut entwickeln können. Ernten können Sie die Möhren dann bis September. Frühe Sorten sind schon im Juli reif für die Ernte.

STECKBRIEF

- März–Juni
- Juni–Oktober
- Sonne
- gering
- einjährig
- 30 cm
- gering–mittel

Frühsorten können schon ab Ende Februar unter Vlies ausgesät und müssen dann vereinzelt werden.

1 Vereinzeln

2 Ernten

Am besten ernten Sie Möhren bedarfsweise. Vor dem Lagern entfernt man Erdreste von den Wurzeln und befreit die Möhren vom Grün, damit sie sich gut halten.

Paprika

Die gesunden Schoten gibt es in vielen verschiedenen Farben, Größen und Geschmacksnuancen. In der Küche schon längst ein häufig verwendeter Allrounder, wird auch der Anbau im heimischen Garten immer beliebter. Auch ihren Weg ins Hochbeet haben sie längst gefunden.

Paprika brauchen viel Sonne und ein warmes Erdreich, um gut gedeihen zu können. Die Pflanzen sollten während der Blütezeit keinen Temperaturen von weniger als 19 °C ausgesetzt sein, sonst wird es nichts mit der Ernte. Auch sollten Sie darauf achten, die Königsblüte zu entfernen, wenn Sie pro Pflanze mehr als eine Frucht ernten möchten. Geben Sie den einzelnen Pflanzen etwa 30 cm Platz zum Wachsen und Gedeihen. Außerdem benötigen sie eine Stütze. Hier reicht ein etwa ein Meter langer Bambusstab. Gießen Sie die Pflanzen direkt im Wurzelbereich. Da Paprika sehr kälteempfindlich sind, sollten Sie die Pflanzen nicht vor Mitte Mai setzen. Die Erntezeit beginnt Ende September.

Ab Februar werden Paprika auf dem Fensterbrett vorgezogen und ab Mitte Mai ins Beet gepflanzt.

1 Aussaat

2 Ernten

Paprika können schon grün geerntet werden, doch gelb oder rot gereift sind sie aromatischer.

Capsicum annuum

STECKBRIEF

- *Februar–April (Fensterbank), Mai (Freiland)*
- *Juli–Oktober*
- *volle Sonne*
- *mittel*
- *einjährig*
- *50–100 cm*
- *gering–mittel*

Raphanus sativus

Radieschen

Die knackige Knolle gibt es in vielen Formen und Farben, wenn auch die rote runde am bekanntesten ist. Ob roh gesnackt oder im Salat genossen – ihr scharfer Geschmack ist stets ein Genuss. Mit ihrer schnellen Erntereife sind sie genau das Richtige für Ungeduldige und mit ihrem einfach Anbau sind sie ideal für Anfänger.

Sie können im Handel zwei verschiedene Sorten Radieschen bekommen: eine, die im Sommer ausgesät wird, und eine andere, die Sie im Frühjahr und Herbst ins Beet bringen können. Achten Sie beim Kauf also darauf, welche Sorte Sie in den Einkaufswagen legen. Säen Sie die Radieschen in Reihen, die 7 bis 10 cm auseinander liegen. Innerhalb der Reihen kann der Abstand ein wenig geringer – etwa 5 cm – sein. Ab einer Bodentemperatur von 3 °C können Radieschen ausgesät werden. Dies ist für gewöhnlich schon ab März der Fall. Die Ernte der ersten Knollen kann dann bereits Ende April erfolgen. Der beste Zeitpunkt für die Ernte ist erreicht, wenn die Knollen etwa einen Zentimeter groß sind. Warten Sie mit der Ernte auf keinen Fall zu lange, denn die Knollen werden leicht holzig und sind dann nicht mehr genießbar. Achten Sie darauf, den Boden stets feucht zu halten. Ansonsten sind Radieschen sehr genügsame Pflanzen und werden Ihnen nur wenig Arbeit, aber dafür viel Freude und Appetit machen.

STECKBRIEF

- März–August
- April–Oktober
- Sonne
- gering
- einjährig
- 10 cm
- gering–mittel

Radieschen werden 1 cm tief ausgesät – im Hochsommer am besten in lichtem Schatten.

1 Aussaat/Vereinzeln

2 Ernten

Sobald die ersten Radieschen kirschgroß sind, können sie geerntet werden.

Rettich

Nicht nur als scharfe Brotzeit im Biergarten ist er eine Wucht, auch gekocht als Rettichgemüse lässt er sich genießen. Ob weiß, ob schwarz, ob scharf oder etwas milder – die Auswahl ist auch unter den Rettichsorten groß. Mit einem geringen Pflegeaufwand macht er nicht nur Genießern, sondern auch Gärtnern eine Freude.

Raphanus sativus

Rettiche und Radieschen unterscheiden sich im Anbau nicht sehr voneinander. Allerdings brauchen Rettiche zum Wachsen mehr Platz. Die einzelnen Furchen, in die Sie den Rettich säen, sollten einen Abstand von 20 bis 30 cm haben, innerhalb der Furchen ist ein Abstand von etwa 20 cm in Ordnung. Auch den Rettich können Sie bereits im März säen. Wenn Sie dann den Boden immer schön feucht halten, steht einer Ernte etwa sechs Wochen später nichts mehr im Wege. Sie können bis hinein in den September immer wieder neue Pflanzen säen.

1 Frühe/späte Sorten

↓ Im Frühjahr säen Sie Rettiche für den Frischverzehr, im Sommer für die Lagerung (Sorten beachten).

↑ Wintersorten erntet man vor dem ersten Frost, Sommersorten von Frühjahr bis Ende August.

2 Aussaat

STECKBRIEF

- März–Mai
- Mai–August
- Sonne
- gering
- einjährig
- 20–60 cm
- mittel–hoch

Beta vulgaris subsp. vulgaris

Rote Bete

Das aus dem Mittelmeerraum stammende Wintergemüse ist relativ anspruchslos und wird meist gekocht gegessen. Junge Rüben können jedoch auch roh genossen werden. Es gibt verschiedene Sorten, wobei die Standardsorte die „Rote Kugel" ist.

Rote Bete gehört zu den Mittelzehrern und benötigt einen humosen, durchlässigen, nährstoffreichen und feuchten Boden. Sie mag es sonnig, gedeiht aber auch im Halbschatten. In Mischkulturen passt sie z. B. zu Buschbohnen, Erbsen, Erdbeeren, Gurken und Knollenfenchel. Ihre Ansaatzeit liegt zwischen März und August, geerntet werden kann sie von Oktober bis November. Ausgesät wird sie direkt ins Beet in Reihen von 25 cm Abstand und 2–3 cm Tiefe. Die vor allem zum Einlegen verwendeten Baby Beets kommen mit Reihenabständen von 15 cm aus. Hat die Rote Bete gekeimt, wird sie auf Abstände zwischen 7 und 9 cm pikiert (vereinzelt), damit die Knollen größer heranreifen können. Da große Knollen oft sehr im Geschmack leiden, empfiehlt es sich, sie bereits kurz vor der Reife zu ernten, wenn die Knollen noch keine weißen Ringe aufweisen. Rote Bete ist im Allgemeinen recht pflegeleicht. Achten Sie jedoch während der Reifezeit auf eine gleichmäßige Wasserversorgung.

STECKBRIEF

- April–Juni
- August–November
- Sonne/Halbschatten
- gering
- einjährig
- 30 cm
- gering–mittel

Junge Pflanzen sollten keinen Frost abbekommen, damit sie nicht schossen. Daher möglichst erst Mitte/ Ende April aussäen. Wird ab Juni angebaut, können Sie Rote Bete im Herbst als Lagergemüse ernten.

Aussaat und Ernte

Salat

Ob Kopfsalat, Feldsalat, Endivie, Radicchio oder Eisbergsalat – ohne Salat ist keine Mahlzeit komplett! Es empfiehlt sich also, ihn auch im eigenen Hochbeet anzusiedeln. Bei seiner riesigen Sortenvielfalt ist für jeden Geschmack etwas geboten und auch der Anbau ist ein Leichtes.

Lactuca sativa

Salat als Schwachzehrer ist für jedes Hochbeet ab dem fünften Jahr die ideale Bepflanzung. Sie können den Salat selber aussäen oder Pflänzchen kaufen und diese dann in das Beet setzen. Auf einem Quadratmeter Beetfläche lassen sich etwa 20 Salatpflanzen setzen. Mit der Bepflanzung können Sie ab Mitte April beginnen, dann sollten Sie aber die jungen Pflänzchen noch mit einer Folie schützen. Achten Sie darauf, dass der Boden immer schön feucht ist, vermeiden Sie beim Gießen aber „Kopfduschen". Nicht nur wir haben Salat gern auf unserem Speisezettel stehen, auch Schnecken mögen ihn sehr. Im Hochbeet sollten Sie aber keine Probleme haben, die Schnecken nachhaltig abzuschrecken. Eine größere Gefahr geht von Engerlingen, den Larven der Maikäfer, aus, die vor allem die Wurzeln der Salatpflanzen bevorzugen. Wenn Sie plötzlich verwelkte Pflänzchen im Beet finden, graben Sie die Pflanzen großzügig aus und durchsuchen Sie die Erde nach den weißlichen Engerlingen. Bei Bedarf entfernen Sie die kleinen Schädlinge.

Wer schon Ende April ernten will, muss die Jungpflanzen erst unter Folie oder Glas vorziehen.

1 Aussaat

2 Auspflanzen

Ab Mitte März können vorgezogene oder gekaufte Jungpflanzen ins Freie gepflanzt werden.

STECKBRIEF

- *Februar–August (Aussaat), März–August (Pflanzung)*
- *Mai–Dezember*
- *Sonne/Halbschatten*
- *gering*
- *einjährig*
- *15–20 cm*
- *gering–mittel*

Damit Salat kräftig wächst und nicht zu rasch zu schießen beginnt, sollte Trockenheit vermieden und regelmäßig gegossen werden.

3 Gießen

5 Pflücksalat

Salat erntet man je nach Sorte als Kopf oder als einzelne Blätter.

4 Ernten

Wird der ganze Kopf geerntet, schneidet man ihn bodennah mit einem scharfen Messer ab oder dreht ihn mitsamt der Wurzel heraus.

RADICCHIO

Sie können mehrere verschiedene Sorten Radicchio bekommen. Allerdings sind nicht alle Sorten für das vergleichsweise kühle Klima hierzulande geeignet. Die Sorte, die für das Wachstum in unseren Breitengraden gezüchtet wurde, ist der Radicchio rosso di Chiogga. Achten Sie vor dem Kauf der Pflanzen also auf die Beschreibung. Nachdem Sie eine robuste Sorte ausgesucht haben, macht Ihnen der Radicchio keine große Mühe mehr. Sie können die Pflanzen im Juli oder August setzen. Auch hier ist es wieder wichtig, sie regelmäßig zu gießen. Dabei sollten Sie darauf achten, nicht von oben zu gießen, weil die Blätter sonst faulen könnten. Ernten können Sie den Radicchio dann im Oktober. Sollte das Wetter bereits vorher nasskalt und ungemütlich werden, decken Sie die Pflanzen mit einer Folie ab. Leichter Frost macht den Pflanzen dann wenig aus, sodass Sie bis in den November hinein ernten können.

Apium graveolens

STECKBRIEF

- März–August
- Juni–Oktober
- Sonne
- mittel
- einjährig
- 20–30 cm
- gering

Sellerie

Schon seit Jahrhunderten ist Sellerie hierzulande beliebt. Suppen, Salate und weitere Gerichte profitieren von seinem würzigen Geschmack. Es gibt ihn in Form von Knollen- und Staudensellerie. Beide Sorten sind kulinarisch unheimlich facettenreich, gesund und unkompliziert im Anbau.

Staudensellerie ist eine beliebte Hochbeet-Pflanze. Auf eine Fläche von einem Quadratmeter können Sie ca. neun Pflänzchen setzen. Weil Sellerie recht kälteempfindlich ist, sollten Sie die Pflänzchen erst Mitte Mai ins Beet setzen. Gerade die jungen Pflänzchen sollten Sie dann immer sorgfältig feucht halten. Sind die Pflanzen größer, beschatten ihre Blätter das Beet, sodass die Gefahr, dass der Boden austrocknet, nicht mehr so groß ist. Ernten können Sie dann ab Mitte August. Knollensellerie ist eine Pflanze, die man recht häufig in Hochbeeten antrifft. Setzen Sie die Pflanzen mit einem Abstand von etwa 15 cm vom Rand des Hochbeetes. Dann können Sie alle 15 cm eine Pflanze setzen. Da die jungen Pflänzchen sehr frostempfindlich sind, sollten sie erst nach den „Eisheiligen" Mitte Mai ins Beet gesetzt werden. Sie sollten vor allem die jungen Pflanzen sorgfältig gießen. Achten Sie darauf, dass der Boden um die Pflanzen immer schön locker ist. Die ersten Knollen können Sie dann im September ernten. Die Erntezeit dauert bis zum November.

Nach dem letzten Frost werden vorgezogene oder gekaufte Pflänzchen ausgepflanzt.

1 Aussaat

2 Ernten

Die Knollen werden mit einer Grabegabel ausgehoben, die Wurzeln abgeschnitten.

Tomaten

Ein Klassiker des Gemüseanbaus sind Tomaten. Kein Wunder, sie sind schließlich auch in der Küche eine der beliebtesten Zutaten. Vom Salat über die Soße bis hin zum Brotbelag, von der kleinen Kirschtomate bis zur großen Ochsenmaultomate – für Abwechslung ist stets gesorgt.

Tomaten sind keine ganz anspruchslosen Pflanzen. Wenn Sie sie aber richtig behandeln, werden sie Ihnen viel Spaß bereiten und viele schmackhafte Tomaten hervorbringen. Einige Fehler verzeihen Ihnen Tomaten jedoch nicht so schnell: Tomaten mögen es, überdacht aufzuwachsen. Wenn Sie auf eine Überdachung verzichten, ist die Gefahr groß, dass sie an Braun- oder Blattfäule erkranken. Spendieren Sie den Pflanzen also unbedingt ein Dach über dem Kopf – zum Beispiel einen Gartenpavillon. Da Tomaten sehr kälteempfindlich sind, sollten sie nicht vor Mitte Mai gesetzt werden. Tomaten müssen angebunden werden, stecken Sie also schon beim Setzen die entsprechenden Stäbe mit ins Beet. Um einen guten Ertrag zu sichern, sollten Sie während des Wachstums regelmäßig die kleinen Triebe entfernen. Wenn Sie die Pflanzen immer gut feucht halten (dabei am besten die Beete fluten und nicht von oben gießen), können Sie ab Ende Juli die ersten Früchte ernten.

Ausgefallenere Tomatensorten kann man leicht selbst aussäen und z. B. auf der Fensterbank vorziehen.

1 Sortenvielfalt

2 Bestäubung

Durch Insekten und Luftzirkulation werden die Pflanzen bestäubt. Unter Glas muss man durch Lüften und Rütteln nachhelfen.

Lycopersicum esculentum

STECKBRIEF

- März–April
- Juli–Oktober
- Sonne
- mittel
- einjährig
- 50–150 cm
- hoch

TOMATENVIELFALT

Tomatensorten lassen sich nach verschiedenen Gesichtspunkten einteilen:

- **Fruchtform** (rund, glatt, flachrund, faltig, herzförmig, oval, birnenförmig, länglich)
- **Größe** (Kirschtomate, normale Tomate, Fleischtomate, San-Marzano-Tomate, Riesentomaten)
- **Farbe** (weiß, gelb, orange, rot, rosa, violett, grün, braun, aber auch gestreift und marmoriert)
- **Wuchstyp** (u. a. Busch- oder Stabtomate)
- **Reifetyp** (früh-, mittel- oder spätreifend)

Tomaten gibt es in vielen verschiedenen Sorten. Als Jungpflanzen angeboten werden standardmäßig normal große Tomaten, Fleischtomaten und Cherrytomaten.

3 Jungpflanzen kaufen

4 Tomaten nachreifen lassen

Tomaten tragen bis zum ersten Frost. Grüne Früchte können Sie vorher abernten und an einem warmen Ort nachreifen lassen.

Aufgrund des hohen Wasserbedarfs müssen Tomaten stets ausreichend und regelmäßig gegossen werden. Die Blätter dabei trocken halten.

5 Ausreichend gießen

Haben sich die ersten richtigen Blätter gebildet, werden die Tomatenpflänzchen pikiert, d.h. einzeln in separate Töpfe umgesetzt.

6 Pikieren

7 Einsetzen

Im Mai werden die Tomatenpflanzen ausgepflanzt. Sie benötigen lockere Abstände von mindestens 60 cm, damit die Blätter ausreichend durchlüftet werden.

8 Aufbinden

Außer bei Busch- und Wildtomaten je Pflanze einen bis höchstens zwei Haupttriebe stehen lassen und an einen Stützstab binden.

9 Ausgeizen

Brechen Sie neue Seitentriebe aus den Blattachseln aus.

Cucurbita pepo

STECKBRIEF

- Mai–Juni
- August–Oktober
- Sonne/Halbschatten
- mittel
- einjährig
- 40–150 cm
- hoch

Zucchini

Nicht nur aus der mediterranen Küche sind sie nicht mehr wegzudenken: Roh, gekocht, gefüllt, im Eintopf… – die Verwendungsmöglichkeiten von Zucchinis sind vielfältig. Anzucht und Pflege bereiten selbst Anfängern keine Probleme.

Zucchini gehören zu den Starkzehrern und können im ersten Jahr der Fruchtfolge angebaut werden. Sie sind wärmeliebend und mögen gern sonnige Standorte. Da sie einen großen Bedarf an Platz, Nährstoffen und Wärme haben, sollten Sie nicht zu viele Pflanzen, nur ein bis zwei Pflanzen, in einem Beet ansiedeln. Gute Partner sind z. B. Stangenbohnen und Zwiebeln. Beachten Sie jedoch, ringsherum ausreichend Platz zu lassen. Sie können entweder vorgezogene Pflanzen kaufen oder sie ab Mitte April aus Samen selbst ziehen – entweder auf der Fensterbank oder direkt im Beet. Ab Mitte Mai werden die vorgezogenen oder gekauften Pflänzchen gepflanzt. Sie benötigen kaum Pflege. Wichtig ist nur eine regelmäßige Wasserversorgung – am besten mit nicht zu kaltem Regenwasser. Gießen Sie das Wasser nicht direkt auf die Blätter, um Pilzbefall zu vermeiden. Gegen eine allzu schnelle Wasserverdunstung und Fäulnis hilft eine Mulchschicht. Nach nur sechs bis acht Wochen sind die ersten Früchte reif und können geerntet werden. Eine regelmäßige Ernte steigert dabei den Ertrag.

Ab Mitte August neue Blüten entfernen, damit die Energie den vorhandenen Früchten zukommt.

1 Blüten entfernen

2 Ernten

Zum Ernten die Früchte einfach mit einem scharfen Messer abschneiden. Bei häufigem Ernten kommen immer wieder Früchte nach.

Register

N

P

R

S

T

U

V

W

Z

Bildnachweis

4: Arina P Habich/Shutterstock.com; 6: fotoknips/Shutterstock.com; 8: Gartenfrosch; 10: Werner Muenzker/Shutterstock.com; 11: Alexander Raths/Shutterstock.com; 12 o.: Alison Hancock/Shutterstock.com; 12 u.: Gartenallerlei; 13: eelnosiva/Shutterstock.com; 14. Alison Han cock/Shutterstock.com; 15. Gartenfrosch; 16: Gartenallerlei; 17: dinkaspell/Shutterstock.com; 18: Arina P Habich/Shutterstock.com; 19 o.: greenpapillon/Fotolia.com; 19 M.: twinbooks; 19 u.: Alison Hancock/Shutterstock.com; 20 o.: RioPatuca/Shutterstock.com; 20 M.: twinbooks; 20 u. li.: Mayr-Metalltechnik; 20 u. re.: Beckmann KG; 21 o. li.: Alison Hancock/Shutterstock.com; 21 o. re.: mema/Fotolia.com; 21 u.: Alison Hancock/Shutterstock.com; 22: 3ks arcadia; 23 o.: Marina Lohrbach/Shutterstock.com; 23 u. li.: Jeanette Dietl/Fotolia.com; 23 u. re.: Cora Mueller(Shutterstock.com; 24 o. li.: Jeanette Dietl/Fotolia.com; 24 o. re.: Gerhard Seybert/Fotolia.com; 24 u.: Ozgur Coskun/Shutterstock.com; 25 o. li.: 3ks arcadia; 25 u.: Insp.Clouseau/Fotolia.com; 25 o. re.: 3ks arcadia; 26 o: Gartenallerlei; 26 u.: smartbeet/SIMONMETALL GmbH; 27 o.: Beckmann KG; 27 u. re.: Mayr-Metalltechnik; 27 u. li: Beckmann KG; 28 o. li.: Gartenfrosch; 28 o. re.: Mayr-Metalltechnik; 28 u. li.: Mayr-Metalltechnik; 29 o. li: Gartenallerlei; 29 o. re.: fotofrank/Fotolia.com; 29 u.: Beckmann KG; 30: Anne Greenwood/Shutterstock.com; 31 o. li. Mayr-Metalltechnik; 31 o. re.: Irina Fischer/Shutterstock.com; 31 u.: Peter Turner Photography/Shutterstock.com; 32 o.: Videowokart/Shutterstock.com; 32 u. li.: ALSU FATKHUTDINOVA/Shutterstock.com; 32 u. re.: alho007/Fotolia.com; 33 o. li.: Joy Prescott/Shutterstock.com; 33 o. re.: chulja/Fotolia.com; 33 u.: JuneJ/Shutterstock.com; 34: Volga/Shutterstock.com; 35: Beckmann KG; 36 o.li.: Bildagentur Zoonar GmbH/Shutterstock.com; 36 o. re.: Bildagentur Zoonar GmbH/Shutterstock.com; 36 u. li.: Alison Hancock/Shutterstock.com; 37 ol.li.: Beckmann KG; 37 o. re.: Arina P Habich/Shutterstock.com; 37 u.: Gartenallerlei; 38: Arina P Habich/Shutterstock.com; 39 o.: Alison Hancock/Shutterstock.com; 39 u. li.: Mayr-Metalltechnik; 39 u. re.: alho007/Fotolia.com; 40 o. li.: Bildagentur Zoonar GmbH; 40 re.: Gartenfrosch; 40 u. li.: Beckmann KG; 41 o. li.: Martina Berg/Fotolia.com; 41 o. re.: Beckmann KG; 41 u. li.: Jeanie333/Shutterstock.com; 41 u. re.: ohnbraid/Shutterstock.com; 42 li.: Gartenallerlei; 42 re.: Jenny Sturm/Fotolia.com; 43 o. li, o. re., u: Gartenallerlei ; 44: Yunava1/Shutterstock.com; 45 o.: Johanna Mühlbauer/Fotolia.com; 45 u. li.: Grisha Bruev/Shutterstock.com; 45 u. re.: Alison Hancock/Shutterstock.com; 46: Gartenfrosch; 48 beide: Gartenfrosch; 49 alle: Gartenfrosch; 50: alle Gartenfrosch; 51 alle: Gartenfrosch; 52: alle Gartenfrosch; 53: alle Gartenfrosch; 54 o.: Alan Gordine/Shutterstock.com; 54 u.: FRÜH/Fotolia.com; 55 alle: FRÜH/Fotolia.com; 56, 57, 58, 59: alle SeDo; 60, 61 alle: alho007/Fotolia.com; 62, 63 alle: Gartenallerlei; 64, 65 alle: Mayr-Metalltechnik; 66, 67, 68 alle: Gartenfrosch; 69 o. li, o. re.: Gartenfrosch; 69 u.: Gartenallerlei; 70, 71 alle: Gartenfrosch; 72 o.: Thomas Klee/Shutterstock.com; 72 u.: PIMPUN TAWAKOON/Shutterstock.com; 73 o. li.: holbox/Shutterstock.com; 73 o. re., u.: SeDo; 74: Arina P Habich/Shutterstock.com; 76: Jamie Hooper/Shutterstock.com; 77: Gartenfrosch; 78 o.: Alison Hancock/Shutterstock.com; 78 u.: dima_pics/Fotolia.com; 79: twinbooks; 80: ChameleonsEye/Shutterstock.com; 81 o. li.: LianeM/Shutterstock.com; 81 o. re.: Denis and Yulia Pogostins/Shutterstock.com; 81 u.: M. Cornelius/Shutterstock.com; 82 o. li.: Iakiv Pekarskyi/Shutterstock.com; 82 M.: Guy Erwood/Shutterstock.com; 82 u. li.: Peter Turner Photography/Shutterstock.com; 82 u. re.: 13Smile/Shutterstock.com; 83 o. li.: Anton Havelaar/Shutterstock.com; 83 o. re.: LilKar/Shutterstock.com; 83 u.: Stefanie Mohr Photography/Shutterstock.com; 84 o. li.: Catalin Petolea/Shutterstock.com; 84 o. re.: morrison/Shutterstock.com; 84 u. li.: Anne Kitzman/Shutterstock.com; 86: Wollertz/Shutterstock.com; 87 o.: Claus Mikosch/Shutterstock.com; 87 M.: eelnosiva/Shutterstock.com; 87 u. li.: Patrizia Tilly/Fotolia.com; 87 u. re.: Anne Greenwood/Shutterstock.com; 88 li. o.: Ivonne Wierink/Shutterstock.com; 88 li. u.: Catherine311; 88 re.: Karin Hildebrand Lau/Shutterstock.com; 89 o. li.: Sonja Birkelbach/Shutterstock.com; 89 o. re.: sanddebeautheil/Shutterstock.com; 89 u.: sanddebeautheil/Shutterstock.com; 92: Pavel Vakhrushev/Shutterstock.com; 93 o.: Kerry V. McQuaid/Shutterstock.com; 93 li. u.: Pavel Vakhrushev/Shutterstock.com; 93 re. u.: Captain Anucha/Shutterstock.com; 94 li. o.: Alison Hancock/Shutterstock.com; 94 li. u.: Mayr-Metalltechnik; 94 re.: Thomas Klee/Shutterstock.com; 95 o. li.: Mayr-Metalltechnik ; 95 o. re.: davidelliottphotos/Shutterstock.com; 95 u.: Alison Hancock/Shutterstock.com; 96: schankz/Shutterstock.com; 97 li. o.: sarkao/Shutterstock.com; 97 o. re.: Dieter Hawlan/Shutterstock.com; 97 u.: Buttazoni; 98 o.: Henrik Larsson/Shutterstock.com; 98 u. li.: Antje Lindert-Rottke/Fotolia.com; 98 u. re.: sauletas/Shutterstock.com; 99 o. li.: jack perks/Shutterstock.com; 99 o. re.: D. Kucharski K. Kucharska/Shutterstock.com; 99 u.: Vlad Teodor/Shutterstock.com; 102: Cora Mueller/Shutterstock.com; 103: RioPatuca/Shutterstock.com; 104 li. o.: Floki/Shutterstock.com; 104 li. u.: ArinaP Habich/Shutterstock.com; 104 re.: Arina P Habich/Shutterstock.com; 105 li. o.: Ungnoi Lookjeab/Shutterstock.com; 105 li. u.: GSPhotography/Shutterstock.com; 105 re.: Arina P Habich/Shutterstock.com; 106: JurateBuiviene/Shutterstock.com; 107 li. o.: Marina Lohrbach/Shutterstock.com; 107 li. u.: M. Cornelius/Shutterstock.com; 107 re.: Patryssia/Shutterstock.com; 108 li. o.: AN NGUYEN/Shutterstock.com; 108 li. u.: Vahan Abrahamyan/Shutterstock.com; 108 re.: images72/Shutterstock.com; 110: sanddebeautheil/Shutterstock.com; 112: holbox/Shutterstock.com; ; 113 li: Steve Buckley/Shutterstock.com; 113 M.: Africa Studio/Shutterstock.com; 113 re.: bjul/Shutterstock.com; 114 li.: Catalin Petolea/Shutterstock.com; 114 M.: Stokkete/Shutterstock.com; 114 re.: dmaster/Shutterstock.com; 115: TippaPatt/Shutterstock.com; 116: Foodpictures/Shutterstock.com; 117 li.: J Parker/Shutterstock.com; 117 M.: Catalin Petolea/Shutterstock.com; 117 re.: petratrollgrafik/Shutterstock.com; 118 li.: MaKo-studio/Shutterstock.com; 118 M.: muzsy/Shutterstock.com; 118 re.: oksana2010/Shutterstock.com; 119: yuris/Shutterstock.com; 120: Tim UR/Shutterstock.com; 121 li.: sanddebeautheil/Shutterstock.com; 121 re.: ER_09/Shutterstock.com; 122 li.: HandmadePictures/Shutterstock.com; 122 M.: Roman Globa/Shutterstock.com; 122 re.: Sarah2/Shutterstock.com; 123: HildaWeges Photography/Shutterstock.com; 124: Marykit/Shutterstock.com; 125 li.: rodimov/Shutterstock.com; 125 M.: Denis and Yulia Pogostins/Shutterstock.com; 125 re.: minadezhda/Shutterstock.com; 126 o.: Peter Turner Photography/Shutterstock.com; 126 u. li.: Alexander Lukatskiy/Shutterstock.com; 126 u. re.: Worrawoot Saengrueang/Shutterstock.com; 127: goodcat/Shutterstock.com; 128: VICUSCHKA/Shutterstock.com; 129 li.: Gajus/Shutterstock.com; 129 M.: Natasha Breen/Shutterstock.com; 129 re.: denio109/Shutterstock.com; 130 li.: tchara/Shutterstock.com; 130 M., re.: Juergen Faelchle/Shutterstock.com; 131: MNStudio/Shutterstock.com; 132: Shebeko/Shutterstock.com; 133 li.: Julia Reschke/Shutterstock.com; 133 M.: bbprince/Shutterstock.com; 133 re.: siraphat/Shutterstock.com; 134 li.: Studio ART/Shutterstock.com; 134 re. o.: Denis and Yulia Pogostins/Shutterstock.com; 134 re. u.: Annaev/Shutterstock.com; 135: Malivan_Iuliia/Shutterstock.com; 136: NADKI/Shutterstock.com; 137 re.: Andrei Nekrassov/Shutterstock.com; 137 Mi.: Sutichak/Shutterstock.com; 137 li.: Diana Taliun/Shutterstock.com; 138 li.: EQRoy/Shutterstock.com; 138 M., re.: Denis and Yulia Pogostins/Shutterstock.com; 139: Alexander Raths/Shutterstock.com; 140: oat.s/Shutterstock.com; 141 o. li.: zawafoto/Shutterstock.com; 141 u. li.: Aksana Yasiuchenia/Shutterstock.com; 141 re.: Dan loei tam loei/Shutterstock.com; 142 li.: Marcio Jose Bastos Silva/Shutterstock.com; 142 re.: Mark Skalny/Shutterstock.com; 143: Denis and Yulia Pogostins/Shutterstock.com; 144: Surkov Dimitri/Shutterstock.com; 145 li.: Baloncici/Shutterstock.com; 145 M.: Alexander Raths/Shutterstock.com; 145 re.: Yulia von Eisenstein/Shutterstock.com; 146 li. o.: Humannet/Shutterstock.com; 146 li. u.: PeJo/Shutterstock.com; 146 re.: Natalia Lebedinskaia/Shutterstock.com; 147: Azdora/Shutterstock.com; 148 li.: Giordano Aita/Shutterstock.com; 148 M.: yuris/Shutterstock.com; 148 re.: HildaWeges Photography/Shutterstock.com; 149: alicjane/Shutterstock.com; 150: Alis Leonte/Shutterstock.com; 151 li.: RadVila/Shutterstock.com; 151 M.: Studio Barcelona/Shutterstock.com; 151 re.: Marykit/Shutterstock.com; 152 o.: Candus Camera/Shutterstock.com; 152 u. li.: Alexander62/Shutterstock.com; 152 u. re.: Yeko Photo Studio/Shutterstock.com; 153 o. li.: Stock Rocket/Shutterstock.com; 153 o. re.: yuris/Shutterstock.com; 153 u. li.: NinaMalyna/Shutterstock.com; 153 u. re.: fotoknips/Shutterstock.com; 154 li.: Jamie Farrant/Shutterstock.com; 154 M.: MarjanCermelj/Shutterstock.com; 154 re.: Leptospira/Shutterstock.com; 155: Shulevskyy Volodymyr/Shutterstock.com; 156: Cora Mueller/Shutterstock.com; 159: Arina P Habich/Shutterstock.com; zusätzliches Umschlagfoto: Peter Maszlen/fotolia.de;

Wir bedanken uns bei folgenden Firmen für die freundliche Unterstützung bei diesem Projekt:

3ks profile gmbh, Asangstraße 16, 94436 Simbach; www.3ks.de
Ing. G. Beckmann KG , Simoniusstraße 10, 88239 Wangen im Allgäu; www.beckmann-kg.de
Buttazoni GmbH, Oberboden 6, 9562 Himmelberg; www.hochbeet.com; www.buttazoni.com
Gartenfrosch GmbH, Bierweg 1a, 86492 Egling an der Paar; www.gartenfrosch.com
Jürries und Jang GmbH Handelsgesellschaft, Sachsenallee 9, 01723 Wilsdruff/Kesselsdorf; www.gartenallerlei.de
Firma Gottfried Mayr Mayr-Metalltechnik, Edtstraße 5, A-4407 Dietach bei Steyr, Österreich; www.gartenonline.at; www.primaterra.at
SeDo Hochbeete Manuel Seidler, Beckedorfer Heide 48, 28790 Schwanewede; www.sedo-hochbeete.de
SIMONMETALL GmbH & Co. KG, Mühlwiesenstraße 4, 36142 Tann (Röhn) - Günthers; www.simonmetall.de; www.hochbeet.de